▲ 創作、看書、上課……可以給我穩定的力量。

▲ 家人的愛，是最幸福的港灣。

▲ 2017 年「寵愛之名」全球代理商在台齊聚，各國媒體前來報導，吳爸、吳媽、吳弟也來共襄盛舉。

▲ 在「寵愛之名」101 旗艦店接受媒體聯訪。

▲ 在山東簽署千家實體地面店合約，接受當地媒體採訪。

▲ 「寵愛女孩」進軍東南亞，在新加坡接受訪問。

▲ 中東地區女性也愛美膚，記者對生物纖維面膜的效果十分好奇。

▲ 帶給孩子們快樂的童年時光，讓我感到很開心。

▲ 跟著小朋友們一起吃飯。

▲「寵愛之名曙光協會」的可麗餅，到哪裡都受到歡迎。

▲ 強勢寒流驟臨，聽說有些小區供暖不足，趕緊製作大衣圍巾，小朋友們穿起來特別可愛。

▲ 慈善演唱會精心安排節目，希望把溫暖的感覺帶給大家。

▲ 百貨專櫃中我的私人小空間，方便我訪店時處理公事。

▲ 到了每年的歲末尾牙餐宴，大家均會盛裝出席，我也趁這天好好答謝員工。

▲ 曾經出過兩本跟香水有關的書。

▲ 我喜歡旅遊，旅遊讓人豁達。圖為 2024 年四月完成本書初稿後，赴瑞士之照。

▲ 曾經一起努力的少女員工們，現在都已成為獨當一面的女強人。

▲ 閒暇之餘，最喜歡與好友出遊，調劑身心。

▲ 天氣佳的好時節，包遊艇開 party，犒賞員工遊河、放煙火。

▲ 全能抗皺神經醯胺角鯊系列，是從自己最愛的私人配方改製而成。

▲「寵愛之名」希望帶給大家溫暖喜悅的感受與呵護。

寵愛是自找的＋

面膜女王吳蓓薇的奇幻創業之旅

吳蓓薇——著

〈推薦專文〉

心疼又驕傲：原來女兒創業吃這麼多苦

吳景順

小女蓓蓓從小是個天之嬌女，她是我跟內人的第一個孩子，又是個女娃，一出生就被我們捧在掌心，像搪瓷娃娃般呵護。然而，就像配合我們的苦心似的，襁褓中的她日夜顛倒、凡事不愛，我們驚慌又謹慎地哄著抱著，好像不把她當個公主也不行。

等蓓蓓稍微長大，會聽會說之後，個性更加鮮明。例如：她非常喜歡聽故事，幼稚園上學前的早上，一定要聽講故事才願吃早餐，吃進之後含在嘴裡不嚼，因此我必須講非常多故事，才能讓她吃完早餐。這時，我上班已經快要遲到。

蓓蓓就是這樣一個孩子，從小有自己的想法，對很多事都有興趣，個性很急，很專注，又很堅持。我總擔心她驕縱又任性。直到她創業，如麻的公事讓她成長，為了解決各式難題而變得專注。我跟內人經常看著她馬不停蹄、日以繼夜地工作，不清楚她忙什麼；直到有一天，周圍的鄰居開始恭喜我有這麼個女兒，老朋友開始對著我跟內人誇獎她；我到國外旅遊看到很多「寵愛之名」的專櫃，連坐飛機都看到「寵愛之名」的產品。我心生驚訝，跟內人說：「我們的蓓蓓，不知道怎麼做的？做得這麼好。」

我們家庭小康，我與內人都是上班族，我常常想，蓓蓓這些技能到底從哪裡學來的？但只要回想她從小到大聰明伶俐的個性，對自我認知的堅持，對她今天的成就似乎也就不難理解。

她有很多奮鬥的過程，我看了《寵愛是自找的》才知道，也可以說，我是從這本書才認識到女兒的另一面。例如：聯考考不好的沮喪、寫稿遇到的挑戰、在海外找房子的苦頭、到北京用電腦取暖的處境……種種都讓我閱讀的時候感到心疼又驕傲，沒想到這個受全家人寵愛著的掌上明珠，創業過程竟經歷這麼多辛苦。

身為父親，並不希望蓓蓓的人生吃苦，只希望她平安健康、幸福快樂。我與內人在她的奮鬥歷程中，可以給予的幫助實在不多，能做的就是經常祈禱。我總是向天主祈禱，希望在天主的護佑之下，蓓蓓可以享受她的選擇，並且心想事成。

孝順的她，只要有空都會陪我與內人吃飯，她跟內人無話不談，但我們父女的對話就比較少，雖然父女之情鮮少用語言表達，但每每她吃了飯要回去，我總會跟她說：「多祈禱、多祈禱。」

「多祈禱」就是我這個父親對她的叮嚀，也是最大的祝福。

《寵愛是自找的》，我很高興蓓蓓找到了。看到女兒找到生命的價值、人生的寵愛，這是做父親最大的欣慰。

感謝天主，阿們。

（作者為吳爸，亞洲航空公司前飛機發動機工程師經理）

〈推薦專文〉

女性力量和社會責任的啟發之書

陳美齡醫師

蓓薇是我多年的好友，我十分欣賞她剛柔並濟的個性，是外貌出眾、才華橫溢、能力堅實的職場女性典範。這次聽到她出了關於創業及職場經歷的書籍，我迫不及待地翻閱。

不害怕開始，只害怕從未開始

同樣作為醫美業、美容業的創業者，我感同身受女性在職場上及創業上的不易，而蓓薇這本書不僅僅是一本關於醫美保養品牌創辦人的傳記，更是現代女性職場及創業的啟蒙指南。

這本書包含如何離開國際時尚雜誌的舒適圈、從零開始自己的事業，虛心求教、不恥下問、精益求精的職場智慧，以及與創業夥伴一同成長的寶貴經驗；亦含括了許多職場細膩的學問，以及跨行成功的秘訣，展現了蓓薇面對挑戰與困難時的堅毅決心，她對事業與社會的獨特見解和貢獻也十分讓人佩服，同時也激勵了後浪往前推，鼓勵更多有志的女性青年成為企業家。

在書中，有兩篇讓我印象深刻。其中一篇是〈創業，從一個小房間開始〉，講述了蓓薇當時創業的艱辛，以及學習成長的重要。人人都知道創業辛苦，可很少有人能堅持到最後，她曾說過，「天下沒有吃不了的苦，只有願不願意而已」，這句話深深觸動了我，如果蓓薇當初放棄了自己的夢想，我們今天或許就少了一位傑出的女企業家。

另一篇關於企業形象的篇章也很值得思索。蓓薇當時在《美麗佳人》擔任編輯總監，因為沒有按官方規定的用色而遭到總公司的人提點。從一個顏色延伸到一整個企業的品牌識別，再延伸到顧客對自己品牌的印象及回饋，這些看似微不足道的細節很可能左右一個企業的形象和市場地位。這些點滴後來都成了蓓薇創業的養分，讓她後續再創立醫美品牌For Beloved One「寵愛之名」時，除了強調美白面膜的生物纖維材質，同時也很注重整個品牌形象是否吻合「寵愛女人肌膚」的企業宗旨，充分展現了企業底蘊及文化。

突破人生，實現夢想！

《寵愛是自找的》是一本關於創業心路歷程的書，更是一本關於女性力量和社會責任的啟發之書。我誠摯推薦這本書給所有渴望突破自我、追尋夢想的女性職場工作者，相信你們會從中獲得無盡的啟示和勇氣，走出自己的幸福人生！

（作者為諾貝爾醫療集團總裁、美麗爾醫學美容機構執行長、台灣微整形美容醫學會理事長）

〈推薦專文〉

「寵愛之名」比聯合國更早落實永續

賴祥蔚教授

在聯合國的多年推動之下，永續已經成為當前的世界潮流。受到聯合國的影響，許多國家紛紛響應，例如我國的金融監督管理委員會，就漸進要求上市上櫃公司必須定期公布永續報告。

永續的初衷，是因為暖化，而驚覺地球已經被嚴重破壞，所以呼籲珍愛地球，希望留給下一代一個不比現在差的世界。但是希望地球不比現在差，必須在意的當然不只環保，最起碼有ESG三個面向，也就是環保E、社會S與公司治理G。

可惜的是，很多企業跟進永續只是因為被政府要求，所以雖然提出永續報告，但是往往只關注減碳等環保議題，而且流於形式，例如社會S，許多企業都有樣學樣，用利害關係人問卷來充數，這真的是重視社會嗎？

「寵愛之名」創辦人吳蓓薇小姐對永續的關心與落實，做的比聯合國早，而且因為發自真心，做得比許多大企業都好。

回顧來看，聯合國的世界環境與發展委員會，雖然早在一九八七年就使用永續一詞，但是直到二〇一五年八月二日，才通過「轉變我們的世界：二〇三〇永續發展議程」，同年九月二十五至二十七日召開「二〇一五聯合國永續發展峰會」，從此以後永續正式登場，逐漸風行世界。

第一次有幸見到蓓薇，是在「寵愛之名曙光協會」為了幫助偏鄉兒童募款而舉辦的「相信愛慈善公益演唱會」，那是二〇一五年四月二十五日，地點在臺北火車站的演藝廳。

前面特別寫出具體時間，是因為蓓薇以「寵愛之名」成立曙光協會推動公益募款的這個時間點，恰恰是在聯合國正式提倡永續同一年的稍早。

蓓薇創業有成，就積極回饋社會。「寵愛之名」是醫美級面膜，所以一開始的回饋，是捐助關懷燒燙傷患者的陽光基金會，後來積極關懷育幼院與偏鄉兒童，這是因為蓓薇喜愛兒童。到了COVID-19疫情期間，因為不方便舉辦兒童活動，所以捐助救護車給最欠缺資源的偏鄉，而且捐的是配備最頂級、價格比一般救護車高出五到十倍的高頂救護車。

永續是什麼？回到初心，是留給下一代一個不比現在差的世界。世界要更好，需要的當然不只是環保，更需要愛。

蓓薇這本書，以溫馨而動人的文筆，寫出創立「寵愛之名」的用心、艱苦與精彩成就，也讓我們看見她對肌膚、對兒童、對社會的關愛。乍看之下好像是不同面向，共通之處都是寵愛人類，這就是「寵愛之名」的最佳詮釋，也是永續精神在社會S面向的真正落實。

（作者為國立臺灣藝術大學廣播電視學系教授，曾任富邦金控獨立董事、中央廣播電臺總臺長）

〈作者序〉

寵愛是自找的

吳蓓薇

「好漂亮喔，媽媽，這是什麼？」我問。

「這是萬花筒。」母親說。

幼稚園的時候，我得到人生第一個萬花筒，小小的眼睛望進去，一片五彩繽紛，迷惑了我。我伸出手，往前走，卻什麼都摸不到。

「那是一個假的世界。」母親告訴我：「如果妳想得到什麼，要到真實的世界，自己去找。」

後來我從南部上台北念大學、就學期間踏入媒體圈、爾後跨行進入零售業，創立品牌、進入藍海，又隨著時事進入紅海，每一步都像跨進一個新的萬花筒。

我記得萬花筒的對話。在真實的世界裡，要伸出自己的手，邁開自己的腳步，才會得到成功的果實。我照著記憶中的道理去做，而幸運地最後也終能獲得。

於是，一直往前探索，享受著過程，尋覓世界的精彩，漸漸地變成生活習慣。我始終相信，只要專注地向前，不要猶豫，人生的奇幻旅程，必會把我們帶到最理想的目標。

目錄

目錄

發現自己的興趣，於是選擇傳播系

我是台南人，幼年時候不喜外出、不喜活動，只喜歡在家看書。我的父親畢業於台大機械系，是亞洲航空公司的發動機部門工程師兼經理，母親畢業於師大教育系，是成功國中國文老師，他們都是文人，酷愛閱讀，因此從我有記憶以來，家中就有非常多古今中外的散文、小說著作，例如：《簡愛》、《咆哮山莊》、《飄》、《藍與黑》、《星星太陽月亮》、《京華煙雲》……等等，這些優雅又經典的文學作品，都是我幼年讀了又讀的刊物。在我什麼都不懂的年代，就已經懵懵懂懂地閱讀這些作品。

啟蒙

為了培養我跟弟弟的閱讀習慣，父母還會經常在假日帶我跟弟弟到台南市的中正路逛街，逛完之後來到路口的「台南書局」，一家人進去買書、看書，一待就是一、兩個小時。

幼稚園時期，母親就訂閱當時的小朋友刊物《兒童樂園》給我當作精神食糧。當時我還不會認字，但非常喜歡聽故事。每天到了晚上，總要求母親念出裡面的故事，我一面聽一面幻想場景，每每聽到可憐的情節，小小的我還會潸然淚下。

小學一、二年級的某天，忘了從哪兒得到一張《國語日報》，看了內容後愛不釋手，覺得太好看、太有滋味了！那時不明白什麼叫做報紙，只是很珍惜這張充滿散文、四格漫畫、連載故事的紙張，成日不斷翻看，直到母親發現了我的熱愛。

「這是國語日報。」我的母親說：「妳喜歡嗎？」

「非常喜歡。」我回答。

母親說：「國語日報是一種天天都會出刊的報紙，專給你們小朋友看的，要是喜

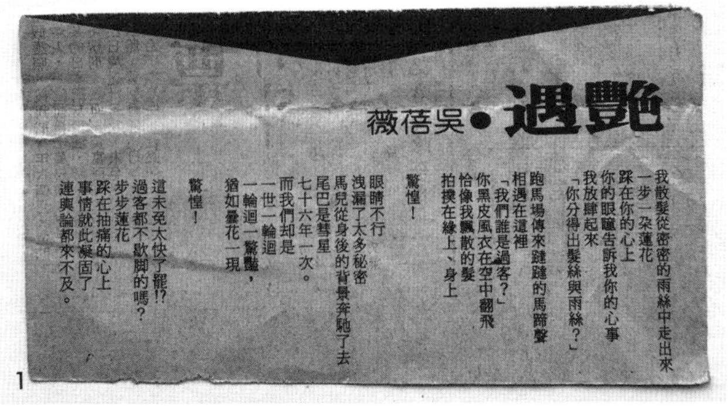

艷遇●吳蓓薇

我散髮從密密的雨絲中走出來
一步一朵蓮花
踩在你的心上
你的眼瞳告訴我你的心事
我放肆起來
「你分得出髮絲與雨絲？」

跑馬場傳來躂躂的馬蹄聲
相遇在這裡
「我們誰是過客？」
你黑皮風衣在空中翻飛
恰像我飄散的髮
拍撲在緣上、身上
驚惶！

眼睛不行
洩漏了太多秘密
馬兒從身後的背景奔馳了去
尾巴是彗星
七十六年一次。
而我們却是
一世一輪迴
一輪迴一驚艷，
猶如曇花一現
驚惶！

這未免太快了罷!?
過客都不歇脚的嗎?
步步蓮花
踩在抽痛的心上
事情就此凝固了
連輿論都來不及。

1. 高中新詩刊登於《大眾日報》。

2. 高中寫的小說經常被刊登於《南市青年》期刊。

歡，我訂給妳看。」

從此之後的每天放學，我最喜歡做的就是快步跑回家，制服也不脫，就拿起當天的《國語日報》，找出廚房的零食，一面吃一面看，眼與口都津津有味，那種滿足的愉悅，到今天都還記得。

創作是一種駕馭

到了小學三年級，我開始有樣學樣，嘗試著寫文章，開始投稿。有兩個刊物是我經常投稿的對象：一是我就讀的台南師專附小所出刊的《拂曉市》文學刊物，另一是《國語日報》。很幸運的，我一旦投稿，幾乎都會刊出。刊登出來後，出版方會通知我去領稿費。當時稿費僅區區三、五元，但對小朋友來說卻很多。我通常拿這個稿費，在下課期間去福利社買蘇打餅乾，一片一元，如果我得到五元，就剛剛好可以吃五天，開心一個禮拜。

除了《國語日報》，當時也很流行少女漫畫：《芭蕾群英》、《尼羅河女兒》、《凡爾賽玫瑰》、《千面女郎》……等等均膾炙人口；我看著看著，對畫畫也產生了興趣。我模仿漫畫的畫風，天天在上課期間畫自己創作的連載漫畫，傳給同學看。想不到同學也很捧場，一個傳一個，我的連載漫畫就這樣被傳閱，大家上課都不專心，一個畫漫畫，其他的湊著頭看。

除了喜歡投稿、畫漫畫之外，我還喜歡寫劇本。小學下課後，我會把寫好的劇本找幾個同學排練，由我指揮、分配腳色，等到學校舉辦正式活動，我的小劇場就會完整搬上舞台，公開表演給大家看。

隨著年紀漸長，光是刊登在《國語日報》已無法滿足我挑戰的心。高中後的我陸續投稿台南市的刊物《南市青年》以及《民眾日報》、《中央日報》，內容已從散文轉變為寫小說跟新詩。我模仿幾個我很喜歡的作家，例如：朱天心、朱天文，她們的文采是我崇拜的方向。「我也要開始學習建立屬於自己的文筆風格。」我想。

創作對很多作家來說，享受的是抒發的愉悅。然而以我而言，創作更像是思想的駕馭，把無形的思想編整成具象的文章，並且傳播出去，這些動作讓我有駕馭傳播的感覺。

現在想想，我是個對駕馭與傳播很有興趣的人。

然而駕馭、傳播也需要有「對象」，這兩個元素正是「媒體」跟「閱聽者」的對應關係，這就是後來我想念大眾傳播的原因。

母親鼓勵我去念大傳系

到了高三，大家都在為大學聯考以及填寫志願的問題傷腦筋。我當時念台南女中，成長後的個性開始變得活潑，在台南女中交到很多優秀的好朋友，她們很聰明，不需要熬夜念書就可以名列前茅。我跟著同學一起玩，外務開始變多，但功課並不好，文組常見的前幾志願對我來說都是挑戰。

「妳不需要志在前幾名的文科志願，以妳的興趣，妳可以選擇新聞系或大眾傳播系。」我的母親分析我的成績以及個性，這麼指點我。

當時第一志願是政大新聞系，後來聯考失利，只分發到文化大學大眾傳播系。

在文化大學大眾傳播系有了比較輕鬆的學習生活，然而正因為這樣，歪打正著地，竟然迅速開啟了我人生中一連串的工作歷程。

他們這麼說

小女最擅長把氣氛弄緊張

馮新開（吳媽）／台南成功國中退休國文教師

蓓薇小時候跟現在的活潑大方很不一樣，小時候的她很文靜，小學老師在她的聯絡簿上寫：「品學兼優，朋友較少。」

她的童年說孤僻也不是真孤僻，應該說是無意識地孤芳自賞。她不喜與人打交道，經常繃著臉，讓四周的氣氛很緊張。

我常哄她：「妳笑起來很甜，應該多笑。」但她我行我素，對我這個媽媽的好意並不領情。

她的弟弟是萬人迷，跟街坊鄰居處得很好，她則比較嚴肅，誰看到她都敬畏三分。

出社會之後，她更是忙於經營自我，打電話給她，等她接得碰運氣，透過她秘書聯絡反而比較快；她工作起來很忘我，工作上我沒辦法參與，只能幫她處理一般生活中比較重要的事情。曾有一度，她還要我特別交代打掃阿姨，進到家之後，不要隨便跟她講話。

她的個性嬌滴滴、也被我寵得很任性，所幸的是，她內心善良、樂於助人、慷慨大方，經常照顧偏鄉小孩，做善事。

她很會在人生經歷中自己供給自己養分。成熟後的她開始放鬆，現在的她笑容、笑聲，比小時候多得多，這表示她把日子過成自己喜愛的樣子，我放心多了。

幸福就是發現自己的特質，然後任性地堅持。

聯考失利的決心：每一天都要有篇吳蓓薇的文章在報架上

就讀於台南女中時，幾個要好的同學都是班上的佼佼者，成績名列前茅。她們除了聰明，也很活潑，下課經常找我一起吃冰、假日結伴逛街，進行一切少女們喜歡的活動，還聯手進行了很多調皮的秘密計畫。那段高中時光非常愉快。

聯考放榜後，她們如願考上台大、師大，我雖也如願進了大眾傳播學系，但我只考上了文化大學。

雖然我替她們高興，但也對自己的處境感到沮喪。

「我想重考。」我跟母親說。

「妳不要選擇重考。」母親說。「女人的青春有限，不要浪費在重考上。」

「可是，」我很挫敗：「同學們都考得很好，說出來很威風。」

「人生的價值不是在念哪一所大學，」母親說：「而是入社會後表現出來的一切。」

「有沒有好好涉獵各式各樣的知識？服裝穿搭得不得宜？懂不懂得社交時應如何適切地談吐？重不重視自己的儀態？交了哪些朋友？休閒時進行哪些娛樂？……這一切的一切都表達了氣質與風采。」母親對我殷殷教誨：「妳要明白，這些才是價值！」

「至於文憑，」母親又補了一句：「我只要求妳大學畢業就好了。」

雖然母親對我期許的標準，有點令人啼笑皆非，但年輕的我，跟所有的小孩一樣，父母講的話，就算再聽不懂、就算再不認同，某種情況下，仍然是我們世界中的圭臬。

母親不支持我重考，我也就半推半就地乖乖去文化大學報到。

走在椰林大道感到自卑

當年九月，隨著大學開學，我從台南搬上了台北。母親擔心我一人北上的各種安全，費盡苦心安排我住進青田街的天主教修女院。修女院的管教非常嚴格，晚上有規定關門的時間、每個星期天早上要望彌撒、二十幾個女生共用一支市內電話，每通電話只能講三分鐘……等等，修女院的嚴格讓母親很放心。

青田街天主教修女院的地理位置剛好距離台大、師大都很近，這使我跟高中時的閨蜜們得以經常相聚。

1. 高三在台南女中大門前的留影。

2. 與台南女中同學合照。

「妳們要不要來台大女生宿舍玩？」開學之初，考上台大歷史系的高中同學邀約：「我們學校的自助餐好吃又便宜呦。」幾個高中同學們很快都答應了。我也很快地準備好穿搭，興沖沖地從修女院步行前往台大。

我從青田街，走往和平東路，再走往新生南路，一切都沒什麼不對。然而，就當快接近羅斯福路的時候，我忽然覺得氣氛變了。走著走著，身旁的行人，忽然漸漸地看起來都是台大的學子，他們安靜卻意氣風發地走著，看上去很有學問。在我的眼裡，連他們戴著的眼鏡、揹著的包包、手上拿著的物品，彷彿也都流露著濃濃的書卷氣息。

「原來，這就是所謂的台大高材生啊。」我心中默默地想。

當椰林大道映入眼簾，看著一群群似乎很厲害的學生，在我四周自信地穿梭，我忽然又想起了聯考不順的悲傷，一陣失落油然而生，像濃霧一般籠罩我。

「我是不是該趕快往回走?!」我問我自己，「大家會不會發現，我不是這裡的學生?!」我好害羞，也很擔心，我覺得大家一定會發現，走在這裡的我並不屬於這個最高學府。

「為什麼要走在這裡呢?!」我開始幫路人問起我自己。

當我進到女生宿舍，見到熟悉的同學，十分激動，趕緊跟她傾訴說我傷心的感受。她聽了以後立馬大笑回答：「笑死人了，哪有可能看得出走在校園裡的人各個是從哪裡來的?!」

「而且妳遠從外校跑來這裡吃飯，老闆生意興隆，高興都來不及，才不會在乎妳從哪裡來。」她說。

「哎，話也不能這麼說……」我嘟囔著，高中同學的安慰非常能夠產生負作用……。

每天都要發表有影響力的文章

不論我再怎麼樂觀，不能改變的身分永遠都提醒著我的失敗。

回程的路上，我繞進當時剛從國外引入台灣、口碑很火熱的便利商店「7-11」，正當我百無聊賴地逛著一排排的零嘴時，忽然看到門口有一列書櫃，就跟書局一樣，上面排滿各式書籍。我迅速瀏覽後發現，比書局更好的是，可能要講求坪效的關係，書櫃上沒有廢書，上面的每本雜誌、書籍，都是暢銷排行的榜中物。

夾縫，就是用來生存的！

「我不是很會寫稿嗎？」我忽然想起了自己的強項。「我應該好好發揮強項，我可以投稿、爭取寫稿的機會，開發自己的舞台，成為一個有影響力的傳播人。」我意識到，如果一直浸潤在自卑的情緒中，將使我喪失自我，我應該要發憤圖強。看著這個書報架以及四周圍站著閱讀的人，我在心裡對自己說：「從此開始，不論在哪個書局或通路、不論是哪一本刊物，希望大家每一天都會看到吳蓓薇寫的文章，出現在書報架上任一本刊物裡。」

從台大回程的路上，我的心情明顯不一樣了。心情改變之後，發現文化大學的好，而我對自己的承諾，後來很快就實現。

當Model?!不酷。當美容總監才酷！

說也奇怪，當開始期許自己成為自由撰稿者時，接到雜誌社稿子的機會就開始出現，而且愈來愈多。

第一次是某天到學校上課，教授臨時請假，請了一位女性雜誌的李總編輯來代課演講，題目正是我很有興趣的編採流程，我當下聽得十分神往。

下課後，我鼓起勇氣，主動上前向李總編輯自我介紹，請問她若有採訪稿件要外發，是否願意給我一次機會。

和氣的李總編輯不但未拒絕陌生又沒有經驗的我，反而願意提拔新人。幾天之後，她交代了編輯打電話給我，我接到這通令人興奮的電話，得到了第一個採訪任務，很快地賺到北上之後的第一筆稿費。

大學開始兼差當Model

文化大學大眾傳播系有不少校友，在傳播業界有非常傑出的表現。我前幾屆的學長姐，當時就有不少已經在業界發展。跨屆的學長姐跟我們感情很好，經常回學校系辦跟我們這些學弟學妹聊天。

我們這些初入校的菜鳥，也很喜歡跟著學長姐前輩，聽他們侃侃說起業界的種種，每每聽到他們神氣地講述自己的風光，我們總是聽得一愣一愣的。也因此，我常待在大傳系辦消磨時光，看看當天會聽到什麼有趣的故事。

「嗨嗨，學妹！」

有一天，我照樣在上課前蹓躂到系辦，有個學長叫住我。

「蓓薇學妹，」學長說：「我現在在某某廣告公司的創意部，最近要幫客戶拍攝影印機的平面廣告，妳有沒有興趣擔任模特兒？」

「什麼？」我吃一驚，「可……可是我沒有經驗，不會擺姿勢耶。」

「拍照這種事情，一回生二回熟，我對妳有信心。」學長瀟灑地說，好像要上場的不是我而是他，而這件事情竟然也就這麼定了。

我發現學長說的對，拍照就是靠熟練，擔任幾次模特兒後，我發現這件事情對我並不難，於是我除了自由撰稿者之外，又多了一個業餘模特兒的身分。有段時間，市面上很多影印機、相機、汽車……等等的新品目錄上，都會看到我面帶微笑地站在旁邊，做介紹狀。此外，西門町少女服飾店中的服裝目錄、時髦照相館門口展示的沙龍照範本中，也會看到我的身影。

也許這些作品的反饋還不錯，廣告公司之間口耳相傳，我的業餘模特兒生涯很快進階到門檻較高的女性雜誌領域，拍攝起Beauty、Features專欄單元。當時很流行的《韻》、《儂儂》、《薇薇》……等女性雜誌陸續發了通告給我。

1. 大學時期，為絲襪品牌拍的平面廣告。

2. 單調的表情被當成招牌放在照相館的門口，幸好當時廠商不嫌棄。

志不在模特兒的我，乾脆趁此篩選機會，除女性雜誌外，再也不接其他商業性Case。

再次毛遂自薦進入編輯世界

雖然接到不少女性雜誌的拍照通告，但我心裡最喜歡的是一本讀者定位較成熟的雜誌，特別期待可以接到這本成熟雜誌的通告，無奈等了又等，成熟雜誌就是沒有想到我。

「我來寫一封信吧！」對於工作向來很主動的我，再一次決定毛遂自薦，解決不知要等到何時的懸念。

我寫了一封長長的信件（現已忘記信件內容），大致是自我介紹一下，羅列幫其他女性雜誌的拍照經驗，講述對於這家雜誌的傾慕之情，期待可以得到合作機會……等等。

信件寄出去後，我等了很久，遲遲沒有下文，忙碌於學生生活、安排採訪寫作、不定期地接接拍照通告的我，也不以為意。

想不到有一天，我收到回信。信件是雜誌社的陳總編輯親自回覆的，她回覆的內容很客氣也很直接，大意是說她們雜誌的讀者設定年齡層比較成熟，以我的年紀以及模特兒資歷，應該無法勝任她對模特兒的要求。

不過，陳總編輯話鋒一轉，提及她現在正在找尋一個助理編輯，她看了我的信件，覺得我的文筆生動流暢，問我願不願意試試看編輯助理的工作。

我看到這裡，欣喜若狂，原本就想進入大眾傳播媒體工作的我，收到這封信真是太高興了！

成為《茉莉雜誌》總編輯

我迅速回覆陳總編輯，並前往雜誌社面談。陳總編輯是一個美麗年輕的女主管，說話聲音甜美，也有威嚴。我順利地通過了面談，展開夢寐以求的編輯工作。

至於擔任模特兒這件事，已經被我拋到腦後。而且，這下我換了位置，由我來敲模特兒的通告了！

正式成為助理編輯之後，開啟了我在雜誌界工作的大門。我記得第一天上班參加編輯會議，陳總編輯跟諸位編輯介紹我：「這位是新來的吳蓓薇小妹妹，」她接著說：「大家手上有什麼不想寫的稿子，可以『丟』出來給她。」

雖然「丟」這個字，令我內心起了一絲漣漪，但當下的我很快不去注意這個細節，專心投入工作。當時編輯們丟出來的單元非常多元，包括：室內設計、星座、旅遊、兩性關係、人物專訪……等等，我一個小小年紀的助理編輯，認真努力地去完成我尚且不太懂的每一個單元。

「丟」這個字，雖沒造成我的心理障礙，卻一直放在我心中至今。作為警惕，後來我自己成了主管、創業當了老闆，我都非常重視交派任務時的用詞。

隨著時間的流轉，我成為文化大學大傳系刊《大傳人》的創刊總編輯、台灣少女刊物《茉莉雜誌》總編輯，不斷的接稿、繼續撰寫著各種新詩與小說，最後又進了《Marie Claire美麗佳人雜誌》、《Figaro費加洛雜誌》擔任美容編輯總監，期間又出了五本屬於自己的著作。

拜臉書之賜，對我來說極有意義的李總編輯、陳總編輯，我們又重逢了，現在是臉書中經常互相按讚的好朋友。

面膜女王
內心戲

別將耐心放在等待。
唯有主動，機會才能變成果實。

是無冕王？還是文字女工？

很多人都說媒體人是「無冕王」。

的確，在某種境界裡，這個形容很貼切。業者希望商品被報導宣傳、更要避免被批評，往往對記者與編輯禮遇有加。

我進入媒體很早，在《Marie Claire美麗佳人》、《Figaro費加洛》兩本雜誌進口台灣的時代，我已對媒體生態非常熟悉。我喜歡在每一季的開始，就把當季讀者需要的深度單元Features通通寫完，先行歸檔，當截稿日來臨，再陸續從容地交稿。傳聞中「編輯都要熬夜」的窘境，不會在我的生活中發生。

我會把時間做有系統的規劃，讓自己多出很多閒暇時間，去做開心的事情，例如：出國旅遊或出書分享。

當然，採訪編輯的工作並非都如此簡單，早期我也曾經歷很多挫敗。那時，我開始感到，媒體人不是「無冕王」，而是社會地位比較高的文字工人。

文章太優美有什麼問題？

我一入行就進入女性雜誌擔任助理編輯，被訓練得很會使用瑰麗的詞藻，編寫浪漫但長串的詞句，在我認知的世界，愈多美輪美奐形容詞的靈活運用，代表著文筆愈好。

有一天，透過一個知名的文字工作室，我得到一個幫《時報周刊》撰稿的機會，被派任撰寫當季流行的趨勢。

「流行趨勢?!太簡單了。」只要採訪幾個知名服裝品牌的公關或老闆，整理其中相同與相異之處，加一段引言，就可大功告成。

我沒料到的是，一旦雜誌屬性有了更換，寫作方式也要跟著換！

「蓓蓓，」工作室創辦人K姊是個率性的大姊，她只用兩秒看了稿子，立馬審判：「妳這樣寫不行啦，重寫！」

我更努力地再寫第二次，還是不行。「妳去看看《時報周刊》，妳這文章不行啦！」

「不行?!」我內心想：「為什麼？」不知道原因，但我又不好意思問。

又被退稿。

很少被退稿的我，內心很驚慌。我在房間裡，寫寫停停，一直沒有靈感，擔心到睡不著。被退數次之後，K姊終於開示指點：「妳寫文章使用的詞藻太美了，《時報周刊》的讀者不會有耐心看。」

《時報周刊》在當時是一本報導時事，講究資訊重量的主流刊物，特色是針對國際與社會上的即時新聞進行深度的報導分析；即便其中談論流行的單元，也要很實際。

如果談論服裝，就要載明多少價錢、通路在哪裡；如果談論保養，就要做出務實的比較：價格不同的理由何在？

同樣類型的保養品，各自的容量、觸感、持久性、使用後效果……等等，都要用科學的方式、量化的語言表達，而不要浪費篇幅去談什麼風花雪月。

「原來如此。」我明白了箇中原因，並回想學校老師教的新聞寫作，恍然大悟。

換個方式撰寫，修修改改，我幫《時報周刊》寫的第一篇稿子，歷經難產，終於誕生。

原來只是媒體中負責生產的工人

後來我幫《Cosmopolitan 柯夢波丹》寫稿，也遇到相同的情況。《柯夢波丹》又與上述流行女性雜誌、《時報周刊》不同，強調的是分析兩性關係，不僅要對奧妙的兩性關係有一定的了解，遣詞用字也要更為精巧斟酌，必須使用含蓄但又明確的文字，勾勒出讀者看得懂、想得到的畫面。

這些為了不同的雜誌，就要改變不同作風的配合，是我進入商業化社會的過程。

我在不斷切換寫作筆法的過程中，有時享受被肯定的快樂，有時候也會納悶沉思。

某天晚間，我百無聊賴地看著電視台播放一個專門介紹台灣傳統產業的新聞節目，節目當天正好介紹高雄楠梓區代工廠的故事。工廠中的工人，為了應付不同訂單，對於生產流程以及產品設計，要進行一定程度客製化的調整。

看到這裡，我忽然驚醒，想想自己的工作，不也是要隨著媒體的不同而改變文筆風格，沒有一個定性；我不禁自問：「我究竟是無冕王？還是文字女工？」

我思考到，不論是自由撰稿者（Freelancer），或是自認為很有權力的主筆或採訪編輯，只要身處在商業模式的架構之下，就不會有全然的創作自主。

身為商業產品下的執行者，我們必須要跟著不同的業主、不同的定位，修改製作物，以便創造高的發行量與銷售量，才能為業者（媒體）賺來財富。

出五本書，想留下永恆紀錄

撰稿或編輯的權力，來自於背後的媒體，不是發生於個人。既然無冕，就不是王。這是一個很多媒體人都看不破的泡泡。

「我就是個生產工人啊！」小時候對大眾傳播的夢想與理想，在這個晚間幻滅。

「但是，」我又想了一下：「因為有薪水可以領，所以也不能說媒體有錯。」

這個覺察，沒有讓我因而灰心，反而使我視野更為清晰開闊。

「因為是為媒體代工，」我體認到：「費盡苦心的作品，不是屬於自己的智慧財產，隨著午夜十二點的時間一到，稿件就變成昨日的報紙黃花，辛苦留下的腳印便會煙

▲ 編輯時期認為，創作出書，才會留下專屬自己的紀錄。

消雲散。」

「寫作，唯有出自己的書，作品封面掛上自己的名字，才能留下永恆紀錄。」

後來我積極地規劃，在忙碌的採訪編輯生涯裡，出了五本書，做為對自己的交代。

後來才知道，我想要的不只是自己可以出書而已。

他們這麼說

閱讀與實踐並行的蓓蓓

胡素華／景康管理顧問有限公司總經理

我與蓓蓓在佛光山人間佛教讀書會相遇相識相知，相聚總在書香裡。

星雲大師〈成功的條件〉曾說：「做人要從讀書開始，書讀得好，人才做得好……讀書要能讀做一個人，讀明一點理，讀悟一點緣，讀懂一顆心。」

所有這些，蓓蓓都做到了，成功也就緊緊相隨了。

亂流中，最好的選擇是心靈打坐。

蓓蓓愛好讀書，更能用心體會和實踐書中的道理。蓓蓓用書香經營人生，「腹有詩書氣自華」，所以在做人處事上，每每展現光風霽月的修養，在言談舉止上，自然流露端正優雅的行儀；更可貴的是蓓蓓時時汲取書中的養分，培養出探索和接納美好事物的人格特質，蓓蓓的成功是實實在在腳踏實地走出來的。

從讀書到寫書，蓓蓓又更上一層樓了，可喜可賀，「江南無所有，聊贈一枝春」，祝福蓓蓓人生精彩，四季如春！

認真編輯，未料竟是為創業累積

在女性流行雜誌的編輯部裡，跑美容線的採訪編輯是很重要的角色之一。因為美容業的廣告業主很多，尤其是其中的國際美妝品牌，每年都會編列大筆的廣告預算，準備投放在雜誌上，而這些廣告預算，往往比雜誌本身發行銷售所得的營業額多上很多。

美容編輯不僅要規劃每月專題內容，還要經常特別設計特殊的專案，以吸引國際美妝品牌投資預算。

台灣化妝保養品牌的公關都跟我很熟，大家在工作上互動很密切，久而久之，幾乎都成了好朋友。每當有國際活動要邀請台灣記者出訪時，幾乎一定都會把我列在名單之中。因此，擔任編輯的這些年裡，深入到品牌發源地的次數不勝枚舉，這些品牌包括：ESTÉE LAUDER雅詩蘭黛、LANCÔME蘭蔻、Chanel香奈兒、Y.S.L.聖羅蘭、SHISEIDO資生堂、KOSE高絲、……等等。

第一個前往法國某知名藥妝品牌採訪的台灣編輯

早期化妝保養品的消費主力多集中在歐美以及日本的國際專櫃品牌。一九九〇年前後，歐洲藥妝品牌的口碑漸漸傳到亞洲，一九九四年法國美妝集團之下的知名藥妝V品牌，準備要進軍台灣，當年我正好有個計畫要走訪法國巴黎，採訪NINA RICCI蓮娜麗姿與Y.S.L.聖羅蘭彩妝品，V品牌台灣的籌備組員，知道了這個消息。

「Margaret，當您到了巴黎，有沒有時間也到我們的總公司？我們想邀請您到溫泉小鎮，採訪研發部總監。」美妝集團中有一位很盡責的公關經理，知道了我的巴黎行程，特別打電話問我，並跟我討論：「我負責的品牌明年就要在台灣上市了，如果您先走訪，報導於明年上市前露出，將會是很好的安排。」

在這之前我的法國朋友便告訴過我，V品牌是很知名的藥妝品牌，因為她的特別介紹，我對它略知一二，也對這個提議很感興趣，於是硬是擠出兩天一夜的時間，跟產品經理在巴黎碰了面，然後一起到溫泉小鎮。這是我第一次造訪溫泉小鎮，進行了極富盛名的溫泉療癒的體驗與專訪。回台之後發表了第一篇獨家專題採訪報導。後來品牌上市，新聞通稿曝光，產品經理前來台灣定居、拓展業務，我們變成了好友。

深深認同藥妝品牌重視的價值

二、三年之後，我又到另一家歐洲知名藥妝A品牌造訪，這是一趟更有規劃性的溫泉之旅，奠定了我對藥妝品牌高度認同的基礎。

法國的醫療體系很重視皮膚疾病的治療，尤其是異位性皮膚炎，因此如果有這方面的困擾，只要拿到醫師的處方建議，就可以定期到A品牌誕生的溫泉區進行溫泉治療。同樣強調的也是運用溫泉中的微量元素，去安定鎮靜肌膚，達到治療的效果。

旅程中負責帶領記者團的，是A品牌台灣代理商業務部的經理S君。S君是一個對台灣市場非常熟稔的資深業務，經常帶領台灣皮膚科醫生到歐洲的溫泉區進行切磋交流，他來帶隊最適合不過。整個旅途中，S君不僅將其對專櫃與藥房通路的理解，做出很詳盡的歸納分析，並且還適度的穿插歐洲藥妝保養的歷史發展，古今中外交錯的說明、身歷其境親身的體驗，使我收穫滿滿。整趟旅途我都緊緊跟著S君，不斷發問，他不斷地解說。

眾所皆知，百貨專櫃品牌以高價聞名，因此包裝與其他各式配備也都必須吻合售價的定位，例如：一定要有很精美的包裝設計、使用昂貴的瓶器、邀請國際紅星代言、聘用專櫃小姐進行推銷與售後服務……讓貴婦有舒適的消費感受。

但藥妝品牌的做法則完全相反。

在潛意識中訂定營業方向

在歐洲歷史中，很早就認定花草藥對人類的治療效果，後來又發現溫泉中的微量元素，對皮膚疾病有很明顯的治療效果，這些觀念交織沿革，引導了女性使用醫療的思維去尋找保養品，到了現代，就變成到藥房購買保養品。

藥妝品牌講究的是成分的有效跟安全，沒有太多的添加物（例如：香精、色素），也不請影視明星代言，不進行繁複冗贅的包裝、不花費昂貴的專櫃製作費用在百貨公司設櫃、也不聘僱專櫃小姐進行推銷……，這些省下來的經費，全部反映在售價上，使消費者受惠。

歷史中的藥妝品牌本來只在藥房銷售，但現在美妝、藥妝通路普及，多年來通路型態也有變化，因此今天我們可以在很多美妝通路裡看到藥妝品牌。

藥妝品牌的歷史與文化深深地吸引了我，有效與安全的確才是最重要的重點，尤其以知性理性的現代女性來說，我認為「理解自己買到的到底是什麼」，是一個很有意義的消費觀點。

當時我就想，身為美容編輯有取之不盡的免費保養試用品可以用，「但若有朝一日，我離開編輯圈，不再有這麼多免費的試用產品，任何需求我都必須自掏腰包購買的時候，我會怎麼選擇？」我自問。

「我絕對只會買藥妝品牌。」心中的答案非常明確。
當我這麼想的時候，我還沒有發現，其實創業的方向我已經定好了。

平時認真蓄水，
才有水到渠成的那天。

小顏色大學問——企業形象的啟蒙

A雜誌是世界知名的國際流行性雜誌，早期被台灣一個媒體集團取得發行代理權。每隔一段時間，國外總部會派人來台灣稽核，確認是否遵守協議中的編輯規範，這些規範必須視之為經典，不能挑戰，當時在我們一群編輯的心中簡稱其為《編輯聖經》。

我記得當時兩邊的編輯部合作良好，唯一意見有異之處，是所謂「接地氣」的問題。A雜誌是二次大戰後崛起的女性主義雜誌，除了流行資訊之外，還極度關心人文、人權、女權以及心靈的議題，這些主張使A雜誌不僅具備流行元素，更兼具理性與知性之內涵。為了強調理性與知性的特色，編輯過程中，包括：圖片風格、美編排版、欄眉用色、字體大小……等等，總部都有嚴格規定，目的是要讓視覺設計與議題內涵吻合，全面彰顯同一原則。A雜誌運用這些鐵律，維持全球雜誌風貌的一致性。

鐵的紀律把讀者邊緣化?!

然而，這些主張，恰恰有些正是當代台灣讀者所不感興趣或不習慣的。例如：當時市面上大部分女性雜誌都流行活潑的設計、聳動的封面故事，而總部卻強調標準用色必須是紅色，「所以，當設計重要的標題或欄目的時候，只能用紅色。」《編輯聖經》說。台灣的A雜誌編輯群在分析銷售為何不如預期的時候，經常猜測就是這些鐵律，把讀者或雜誌本身邊緣化。

那時我在A雜誌擔任美容編輯總監一職，職責是把所有美容相關的單元處理好，不但要讓讀者喜歡，也要讓美妝業者欣賞，以利廣告部門爭取美妝客戶的廣告預算。縱使我也覺得《編輯聖經》對於不同國度的讀者不一定全然適用，但因為挺喜歡A雜誌獨樹一格的特質，所以盡可能照規範中的要求，在同與異之間求平衡，製作每一篇專題的同時，都認真地在《編輯聖經》與台灣市場中建立交集。

請問這是什麼顏色？

有一年，總部來台灣檢查並開會的時間到了，編輯部一如過往般謹慎地準備，他們通常都僅與總編輯開會，但若有需要，也會找編輯們一對一面談。

「你們不要擔心，沒什麼好擔心的。」我看得出總編輯很慎重，但是依然這樣安撫我們。我好整以暇，一來是頂頭還有個上司總編輯頂著，二來我覺得我沒有接受過任何「糾舉」，照這樣看，這天應該可以悠閒度過！殊不知，我一到公司，就接到了會議安排的通知。

「Margaret，請進來一下。」在意外中，我進到偌大的會議室裡。寬闊的空間中，擺了一張很長很長的桌子，桌子的兩側各有數張椅子，椅子上面，堆了高高的幾大疊雜誌。跟我面談的是位面無表情的歐洲女子，像是嚴肅的聖女，雖然面容嚴肅沒有笑顏，仍看得出她很標緻。我走到她面前坐下。

「Margaret，謝謝妳做的一切，妳做得很好。」她說。

「呃……不用客氣。」我說。對於她的讚美我有一點不安，她也的確沒讓我久候，很快切入重點：「但妳明白A雜誌的規範嗎？」《編輯聖經》?!我們常常討論，怎麼會不明白?!

「明白。」我說。

「那妳應該知道，為了平衡報導，同一個牌子的產品，不應該在同一個頁面出現三個。」她從旁邊一疊雜誌中，抽出一本看來準備已久的雜誌，翻到某個美容專題，指著其中一頁：「這樣的商業意味太強烈，報導變得不公平。」

「這不是同一個品牌，這是同一個集團下的三個品牌。」我解釋。

「不要辯解，」她說：「妳對規範顯然並不熟悉。」

「我很熟悉，」我回覆：「我熟悉到，所有的用色都只使用紅色。」我用帶有一點諷刺的意味，進行反擊式的解釋。當時台灣編輯部曾經認為既然《編輯聖經》上規定設計只能使用紅色，那麼何需視覺創意部門的存在?!

「妳確定嗎？」她聽了我的解釋，不懷好意地笑了。

遠來的聖女會念經

她盯著我的臉，反手撈出另一本雜誌，很輕鬆地翻到其中一頁。她指著說：「那麼請妳說說，這是什麼顏色？」我瞄了一下，心裡大吃一驚，綠色！

我睜大眼，啞口無言。是的，那一頁的用色是綠色，是我的決定。當時我認為圖片中的色彩大多是綠色，如果搭配綠色的設計，整體將更協調；但，無疑這踩進了《編輯聖經》的雷區。

後來這位美麗的歐洲女子沒有對我進行更多的指控與批判，反而網開一面讓我平靜地離開冰冷的會議室。但在走回座位的路上，震撼教育的餘波在我心中蕩漾。

這件事情讓我印象很深刻。我忽然理解為什麼總部的人一來，高層都那麼緊張，因為總部對工作沒有在開玩笑，非常一絲不苟。

原來這就是C.I.S.

日後我成立自己的公司，有國外代理商想把「寵愛之名」品牌代理到當地時，我開始很擔心，不同文不同種的代理對象，會不會把我們的品牌形象弄成四不像。「不行，我一定要好好地規定他們一切的行銷行為。」一想到這樣，我立馬很激動。然而，當我興起這個念頭的當下，忽然想起當年歐洲女子跟我的對峙。「原來，這就是所謂的C.I.S.企業形象識別（Corporate Identity System）。」

當時還沒上過行銷管理課程的

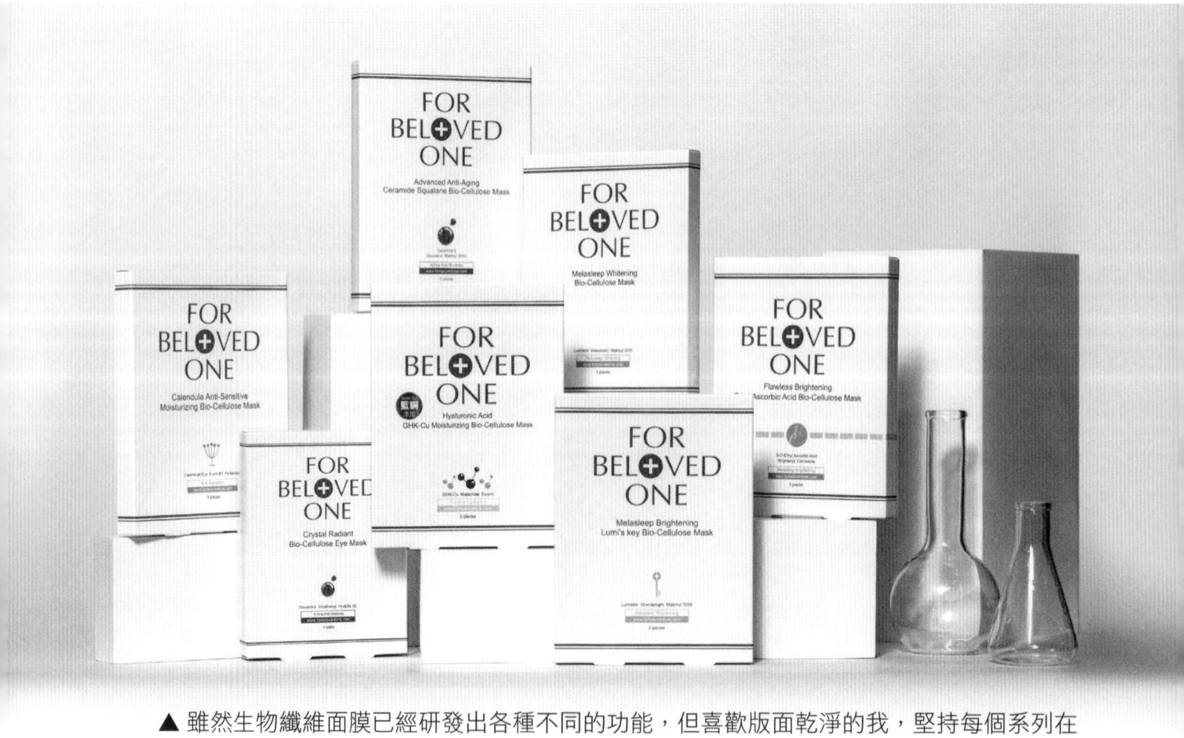

▲ 雖然生物纖維面膜已經研發出各種不同的功能，但喜歡版面乾淨的我，堅持每個系列在設計上都要達到最高的一致性。

我，就是靠這樣實務累積的經驗，堆架起公司形象的輪廓。後來我很快有樣學樣，把品牌的標準字、標準色以及所有在行銷與設計上的各種要求，編列成冊，很堅持地要求羅列在合約附件之中。

回想起來，我很感謝這段經歷。很多人覺得「遠來的和尚會念經」是一種愚魯的迷信，但深受其利的我，反倒認為，若人生中有幸遇到乘載成功歷史的大廟，那何不開放胸懷、吸收妙用，承認「遠來的『聖女』會念經」呢！

面膜女王 內心戲

永遠都不要認為自己絕沒有錯，至少應在心裡默默懷疑。

發現奇妙的事——市場敏銳度，創造明星產品

「生物纖維面膜」是「寵愛之名」歷久不衰的明星商品，二十年前率先推向市場，很幸運地十分成功，直到如今還是很受海內外消費者歡迎。

大家可能不會知道，現在很多人琅琅上口的「生物纖維」，原文本是Bio-Cellulose，翻譯應該是生技纖維素，「生物纖維」則是我替這片纖維取定的名字，到現在儼然已經成為專有名詞。

生物纖維的原文Bio-Cellulose，Bio意思為生物科技，指的是運用培育、仿造的科

學，大量複製生物體的技術，Cellulose是纖維素質，用在這裡有「微生物菌群分泌的纖維素質」之意，因此最初實驗室是以「生技纖維素」直譯這片纖維。

我當時想，消費者看到「生技」兩字，應該感到很有距離，會把商品分類到較為小眾的生技類，然而我卻覺得它雖然應用了生物科技的技術，但就使用型態來說，應屬於一般消費類商品，如果使用實驗室直譯的名稱，消費者將難以明白。

有一天午後，我在台中耕讀園茶坊思索著創業的細節，看到陽光灑落園中湖面，安靜的光景中有蝴蝶紛飛、池中有小魚戲水，連內斂的蓮花都生意盎然，我感覺到世界生物的美好愉悅，忽然間靈光乍現：不必稱呼「生技纖維素」，可以取名為「生物纖維」！

Bio-Cellulose中文名稱「生物纖維」從此變成「寵愛之名」旗下商品的名稱，我首先使用，後來媒體競相報導，其他同業也跟著如此稱呼，這個名詞因此命定，沿襲迄今。

與生物纖維相遇，打開一扇奇妙的門

「寵愛之名」生物纖維面膜的誕生，要感謝朋友C君。C君的家族企業是個在台灣、東南亞、甚至全世界極具知名度的原物料公司，他們除了不觸碰生物界中的動物之外，「微生物」跟「植物界中的漢方、花、果、蔬……等」都是其主要的研究範疇，市場上很多食品的原始配方與物料，都是來自C君團隊的研發提供。

我在國際雜誌擔任美容總監之時，很熱衷於研究保養品成分，在採訪國際化妝品牌發言人或研發主管之前，我都鞭策自己要做足採訪的功課。這時，對各式原料都有研究的C君儼然成為我重要的諮詢對象之一。有關原物料的機轉與學問，我習慣打電話請教C君，沒事的時候，我就去他們的實驗室待著晃著，津津有味地看他們做各式各樣的實驗。

二〇〇二年底，他們的實驗室正對「穩定量產Bio-Cellulose的技術」進行突破性的開發，我第一眼看到Bio-Cellulose生物纖維的時候，並未想到那竟是開啟我生命關鍵里程碑的開始。

Bio-Cellulose生物纖維研發之初，是為了提供醫院裡的燒燙傷病人使用，在他們的療程中，皮膚尚未長出之前，覆蓋於肢體上的布料，稱之為Second Skin（第二層肌膚）。由於是由微生物菌株分泌出來的纖維，本身是有機物，跟當時市面上充斥的由石化原料衍生的「不織布」有極大的不同。

專業的直覺，開發了生物纖維的妙用

我那時已是媒體界很資深的美容編輯總監，美容編輯通常有個習慣，就是拿到任何東西，都會慣性地放在左手虎口上觀察，我當然更是如此。我發現，每次去過C君實驗室，回家後的晚上，都會覺得左手虎口區的肌膚特別白嫩透明，閃閃發光。

因為職業的關係，這樣的現象引起我的注意，開始把「生物纖維」當成重要的對象來追蹤，經過非常多次的實驗之後證明，改善虎口膚質的重要關鍵，真的是生物纖維！我驚覺生物纖維並不光只保護肌膚而已，它似乎可以把某些水分或滋養液強制性地壓進肌膚。

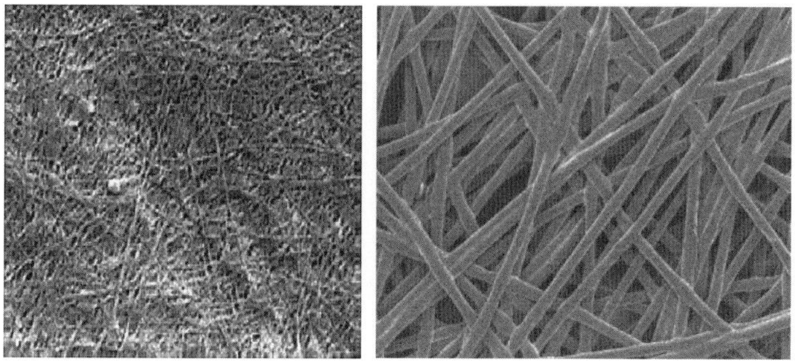

▲ 顯微鏡下的生物纖維呈現 3D 縝密的結構。

「我發現一件好奇妙的事喔，」我告訴C君：「每次用生物纖維敷在手上之後，虎口處的肌膚都可以白嫩好幾天。」

精進的C君聽了很振奮，開始帶動研發部門對這現象進行實驗，最後居然證實了：生物纖維直徑只有二十奈米，小於人類細胞間隙的五十奈米，所以可以滲入細胞間隙，將精華液強制壓入肌膚，並且可以密合地服貼肌膚，就算大力搖晃也不會掉落。同時，生物纖維的3D立體結構，可以透氣卻不會透水，長時間敷在臉上還是很舒服，更不會像不織布會反吸肌膚水分……。針對這些重要的特性，我們幾乎確定了生物纖維可以產生驚人的保養效果，變成一場面膜的大革命。

「哇……」我默默驚呼。

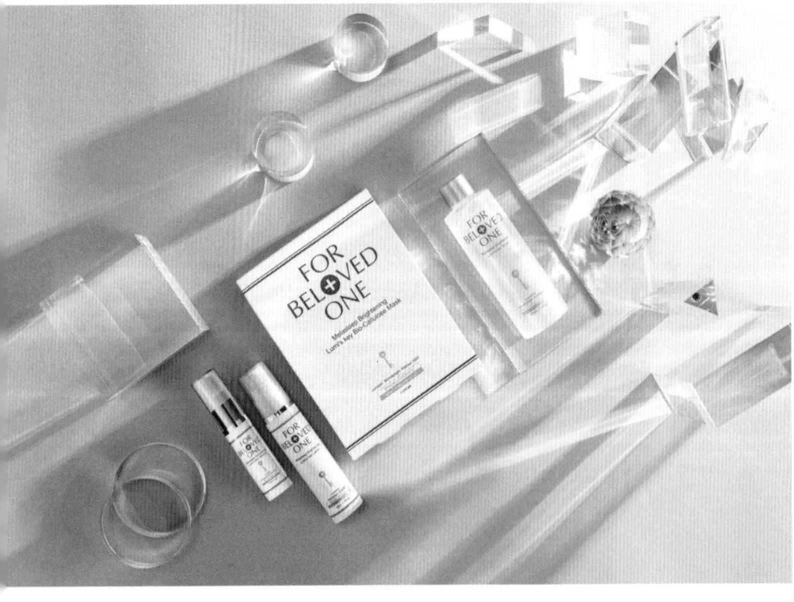

▲ 亮白淨化光之鑰系列，是追求白皙膚質女性的最愛，也是「寵愛之名」的明星系列。

接著我們開始聘請國內知名的化妝品研究界的資深老師，展開長期而專業的臨床實驗，我們運用不同厚薄度的生物纖維，進行時間長短不同的測試，最後拿捏到了最好的A級厚度與重量，這個厚度與重量最可以讓精華液全效被吸收，不會滑落又緊密貼合的規格，使肌膚保養的效果，可以有效延續一星期。

「敷一片相當於做一次臉！」我快速地換算：「若將其製成面膜，可以取代傳統式的做臉，對消費者而言，將是性價比多大的一個替代！」

他們這麼說

Margaret是個預言製造機

周義傑／台灣採印協會理事長

認識Margaret非常多年，初識時，她還在雜誌社。當年市場上的紙媒多是女性雜誌或商業週刊，有次在閒聊時，她說，未來應該很快會出現居家性與瘦身性的雜誌。我當下納悶，這麼小眾的雜誌，存活得了嗎?!果然，就如她所言，不到兩年的時間，我在市場上看到這樣的雜誌上市了！

也正是因為她有極敏銳的市場感應度，當我們團隊開發生物纖維的製程時，我也拿給她看。Margaret一眼就斷定這是個功能超越市面上所有面膜的材質，絕對很適合作為美容界面膜的材質。因此當Margaret想要以此創業，我當然就很樂意來協助募資過程。

很少人知道「生物纖維」的中文名詞是Margaret所訂定的，二十多年前原文Bio-Cellulose中的字首Bio多為生技產業專用，因此最初實驗室內考慮的溝通術語是「生技纖維素」，後來Margaret更名為「生物纖維」。在生物纖維業界還有很多規格性的專業用語，都是來自Margaret神來之筆，被業界廣泛使用。

【什麼是生物纖維？】

Bio-Cellulose生物纖維，是一種由微生物菌群，經過培育發酵之後產生的有機纖維。

培育過程中的溫度、空氣濕度、餵養的營養，都是攸關生物纖維誕生品質的重要關鍵，培育完成的生物纖維，還要經過清洗、裁切，這些過程都是學問。

生物纖維直徑只有二十奈米，遠遠小於人體細胞溝槽的五十奈米，因此它可柔軟地滲入細胞溝隙，達到完整貼合的作用，強制性地讓精華液滲入肌膚內。

面膜女王內心戲

認真對待每一天，時光就會回報你。

第一次跨行，才知沒那麼簡單

在媒體任職多年後，我對社會的理解與歷練更透澈，變得比較成熟，跟初來台北時的那個傻女孩不一樣了。對我甚為了解的C君經常跟我說：「妳的個性，不該再待在媒體了，現在的妳更適合總經理的角色，要善用妳個性的特質。」當時的我對商界的樣貌很懵懂，這話聽了好幾遍，卻體會不了其中的含意。

後來當我對媒體工作感到倦勤時，C君便協助我轉行。

「妳可以發揮更大的專長。」C君說，隨即幫我安排到一位傳統產業前輩H君的生物科技公司，擔任執行副總經理一職。

H君是位有著豐富食品科學技術與知識、又十分仁慈的人。在他眾多投資的產業之中，有個生物科技公司，旗下有個生技機能營養食品品牌，總公司設立在台南，專門研發製造生機營養食品。來到這個公司，與其說我是轉行，不如說我是實習，這是我跨出媒體之後的第一站，也是我創業之前的轉運點。

會行銷不代表懂法規

初來乍到新公司，雖然掛名執行副總經理，但許多新的工作項目我幾乎都不會，必須重新學習。我十分渴望能立即對公司有所貢獻，左思右想，最快是從我擅長的行銷切入。

「這樣吧！」我自告奮勇告訴營養師同事：「我不怕上台，未來所有的教育訓練，可以通通交給我。」

先從教育訓練著手，是因為我看了一下原有的教育訓練教材，遣詞用字太委婉，幾乎不提療效，看不出怎麼說服消費者，編排也很老舊，「這怎麼行?!」我扼腕：「消費者根本看不出使用我們的機能營養食品有什麼好處呀！」我焦急地拿出編輯絕活，迅速動手修改。

我在對內教材跟對外文宣中，加入很多生動活潑的字眼，用大量的形容詞，去表達這些機能營養食品多有效，可以讓健康維持得多麼好，活靈活現好像可以長命百歲一般。

然後我信心十足地進行第一場產品說明會。

我到現在還記得，當我第一次站上講台，對通路的銷售店員進行產品教育訓練時，台下那位營養師同事是如何焦慮地對著我發慌。

她一聽到我的演說，立即表現得很吃驚，一下對我搖頭，一下又眨眼睛，過一會嘆氣，再過一會兒原地跺腳。台上台下的我倆四目對望，心裡應該是出現同一句OS：「她到底想搞什麼鬼?!」

「妳妳妳……這樣不行啦！」我一下台，樸實的她撲過來，一肚子話一下子說不清，只好把頭搖得像波浪鼓一樣。

後來我才知道，在業界，為了避免消費者產生過多的想像而造成誤解，行銷用詞一定要遵從衛福部的規範，這一點跟擔任採訪編輯的寫作方式完全不一樣。如果隨興用詞，描述太多，很快就會吃上罰單。當然，更別說誇大不實的宣傳。

然而我不習慣的地方還不只於此。

自由的鳥兒過不慣規律生活

在H君的生物科技公司，我學到了很多技術，後來都成為開發「寵愛之名」商品的基礎，例如：挑選原料並議價、設計食品配方與口味、監督代工打樣、編列銷售賣點、接觸商業用語與包裝、如何降低物流成本與時間，同時我也要加入開拓新業務、建立客戶關係……的行列。

那時正是生物科技業最當紅的時代，然而這間公司偏向傳統保守的風格，卻使我難以融入其中。

在媒體工作時，編輯們都是上午十一點後才陸續上班，在這裡，九點前就得準時打卡；編輯們的上班方式很隨興，就像隻自由的鳥兒，可以任意外出，但在這裡，大家除了去洗手間，不會輕易離開座位；中午十二點，同事們會準時地拿出便當，十二點半，則全公司關燈，所有人很有規律地趴在桌上睡午覺。我經常感到，肚子還不餓時就得吃午餐、尚未吃完又得摸黑睡覺；下午一點整，一陣鈴響提醒要開燈上工，當公司的日光燈全都打開的霎那，我又在睜不開眼的窘境下開始上班。

三個人組成的鐵三角

這裡的工作氛圍很友好、慢活，同事都和善。每天到了下午三點，我們可以休息一下，吃下午茶，下午茶都是美味的街頭美食，例如：珍珠奶茶、滷味、白糖粿、蔥油餅……等等，也有同事會從家裡煮綠豆湯或四神湯帶來。

可是，就算大家都十分和氣，但是由於工作經歷跟休閒嗜好很不相同，無法真正交心，下班之後的時光我常覺得沒有同伴。

「董事長，我想離職。」過了半年，雖然正處於理解所有步驟與技術、剛好可以獨立作業的時候，我也終於待不下去了，於是鼓起勇氣跟H君說。

「妳能夠撐這麼久，我已經很訝異了。」想不到睿智的H君早已看穿：「在這裡沒有朋友，應該很寂寞吧?!」看起來粗枝大葉的H君，內心竟那麼細膩，觀察入微。

「妳是很有才華的，不要放棄奮鬥，」H君接著說：「如果妳想創業，我願意投資妳。」

▲ 從媒體跨到生技業，我的生活變化很大。

於是，C君、H君與我三個人組成了事業鐵三角，「寵愛之名」組織架構的初始，就這麼樣順理成章、水到渠成地開始了。

他們這麼說

活出十蓓精彩的人生

黃蕾／專業投資人，曾任法國《費加洛雜誌》採訪組長、《中國時報》資深時尚記者

蓓蓓是我所有認識的朋友當中，最能夠「心想事成」的。

這並不代表著她就不曾吃苦，或是沒有遭受過委屈。可是，她總是有辦法轉化這樣的情況，無論是向內追尋，或外求解方。

她很清楚自己的目標，在事業與人生的平行時空，穿插多項計畫，同步進行。她努力克服一道道關卡，勇往直前。就像同樣用一輩子的時間，卻可以活出

幾輩子的精彩。

我們相識於還在使用幻燈片的時尚雜誌國際中文版編輯台，一起跟隨時代的脈動快速成長，很高興在她的公眾形象之外，我們仍保有真誠坦率的心靈交流，透過相互理解與支持，在人生道路上，一起尋找智慧之光。

感謝能夠擁有這份無比珍貴的女性情誼，祝福蓓蓓！

面膜女王內心戲

隔行如隔山，
別人的桃花源，未必就是你的天堂。

創業，從一個小房間開始

公司設立後，當然一定要有辦公室。最早我先寄居在H君羅斯福路辦公室的一個座位。後來H君公司擴大，搬到新生南路，我就向H君承租一個房間，記得當時租金一個月一萬元，有些東西可以共用，例如茶水間以及小型倉庫。

H君的辦公室很大，但我因為預算有限，承租房間很小，裡面只能放兩張桌子。

設立公司，我是新手。除了媒體工作，其他行業幾乎沒接觸過，因此沒有具體編列實際進度與計畫的習慣，成千上萬要做的事情都積存在我腦海，急需有人分擔執行工作。對於第一個員工，我只有求才的渴望，沒有挑剔的心思，誰來了就用誰。透過朋友介紹，找到的第一個員工是一位小女生。

運氣很好，小女生雖然小，但已有工作經驗。

會計師寄來了兩本發票，當我們的商品一件件被賣掉，我需要開發票。

「老闆，妳開錯了，發票金額是不含稅的，稅要外加，加總之後才是銷售金額。」小女生說。

蛤?!

「所以，妳要除以1.05%。」她又說。

我手忙腳亂重開發票。「算了，算了，我來好了。」很懂人情世故的小女生把開發票的工作接過去。

「我們公司好奇特喔，老闆連發票都不會開。」某一天中午，我聽見她在電話中跟她男朋友這麼說。

印表機的動人聲音

創業之初，我不會的事情不勝枚舉。當業績漸漸變好，有能力多請兩個工讀生，我請到兩位很有能力的政大新聞系女同學。

「這是什麼?」其中一位很有氣魄的鄭同學，初來乍到，看到我們的訂貨單，覺得很納悶。

「這是訂貨單。」我說。

「用A4紙?」她問。

「對呀。」我說，這不是很明顯嗎?

「如果用A4紙，那麼，客戶簽收完，要拿哪一聯呢?」鄭同學問。

「妳看，這中間有設計摺線，簽收後撕一半給客戶。」我說。

「嗯?」她睜大眼睛說：「那客戶不覺奇怪嗎?」客戶們是覺得很奇怪，向我們反映過幾次。當時我不知要怎解決這問題，「我上網購物，寄來的收貨單也是用A4紙列印的啊!」我心裡這麼想。

「蓓姐，妳是不是不知道世界上有『印表機』這種東西?」鄭同學調侃。

我還真不知道呢!我問她：「那是什麼?」

就是這樣，一個政大的工讀生，幫公司買了第一台印表機，我們叫了第一箱有四種顏色的「四聯單」，幫印表機裝上第一條色帶。

「噠噠噠噠……」按下Enter，印表機開始運作，吐出一份一份整齊乾淨的出貨單。

「啊，這聲音好好聽。」鄭同學閉著眼睛說。

「啊，這張紙好好看。」我看著表格整齊乾淨的四聯單，愛不釋手。

後來我們業績很快興隆，印表機從一上班就不斷噠噠地列印到下班，工作太操勞了，經常故障。「噠噠噠……滴～～」它常常工作到一半尖叫起來。這時，鄭同學就會冷靜地站起來，走過去調整好。

「它好像我的小孩，一發出聲音，我就知道它出了什麼事。」鄭同學走回座位時，喃喃地說。

面對面也只能打字溝通

這一切的插曲當然很快被我們修補改進，後來的我很會開手寫發票了。去別人商店買東西時，還可以自告奮勇幫老闆開手寫發票給我自己。

就在品牌剛成立不久，一位兩岸三地知名女星出的美容書上市了。這本書上市後立即造成轟動，整本書內推薦的商品無一不熱銷，也是其中之一的「寵愛之名亮白淨化生物纖維面膜」也不例外，而且到現在依然火紅。

▲ 運動對我來說，從創業初期就是很重要的紓壓方式，拳擊、瑜珈、慢跑 ...... 我都很喜歡。

由於名人推薦的效果很好，我們的生意更為繁忙，不得不開始分工：有的負責文宣製作與媒體宣傳、有的負責與客戶連絡，不會開車的工讀生負責坐公車或捷運進行台北市區的送貨，台北市以外的，就由我來送貨。

「生物纖維」是一個革命性的嶄新材質，跟其他採用「不織布」材質的面膜有很大差異，使用起來有其技巧，需要對銷售店員詳加教育訓練以協助消費者認識。此外，為了設計出更符合「醫學美容」定義的產品，我又突破性地採用很多德國默克藥廠的專利配方……，這些跟其他品牌不一樣的特點，都必須一一跟銷售人員說明，才可順暢地幫助他們傳遞給消費者。

這些教育訓練，初期也都由我自己擔任。由於每天話說太多了，創業之初的前一、兩年，我經常聲音沙啞、喉嚨腫痛，難受到無法發聲。為了節省我的聲音與力氣，我們在辦公室裡都盡量避免對話，即使是我與另外三名員工同擠在僅有兩張桌子的小房間裡，大家的溝通都利用網路上的社群媒體，用打字進行，甚至連開會也不例外。

面膜女王
內心戲

沒有吃不了的苦，只有願不願意而已。

擇善固執，因為品牌價值

很多記者訪問我都會問個問題：「妳成功的原因是什麼？」我並不敢認定自己已經成功，充其量不過是努力得還可以。然而我知道記者需要答案，這時候我會回答：「我對原則很堅持。」

人生中多多少少都有需要堅持的時候，它是成功重要的元素，也有別於頑固。

外來的威脅促進團結

時節正逢清明將至，各家醫美保養品牌開始準備一年一度的「春季促銷祭」。「春季促銷祭」是新興的促銷活動，為連鎖通路針對百貨公司上半年周年慶的對應之道，以聯合式祭典的慶祝氛圍，刺激消費者先行搶購，藉以降低百貨公司周年慶對連鎖通路的影響，為此，所有供應商都嚴陣以待。

有一天接近下班時刻，公司裡負責X通路的A同事，忽然很焦慮地回報：「蓓姊，有一個緊急的消息，」她說：「X通路打電話來要求，幾天後即將進行的『春季促銷祭』，要新增『滿千折價』的活動，供應商要吸收價差。」

因為當時我們的促銷活動已定案，財務部也計算好了業績與成本架構，如果新增的折價活動要供應商吸收，那麼成本結構將重新打破。

「這次回饋給消費者的折扣力度已經很深，」我告訴A同事：「沒有空間再折價了。」

「我知道。」A同事說：「但採購說如果不配合，已經允諾了的活動與訂單，將會全部暫停，我都還沒回答呢，對方就掛了電話。」

負責任的A同事為了怕得罪X通路而讓公司失去訂單，擔心得像熱鍋上的螞蟻，遲遲不敢下班，使我看了很心疼。

為了「春季促銷祭」，我們安排大量廣告曝光、準備好充足的優惠組合，如果訂單驟然叫停，將等於廣告無效，而且倏地產生大量庫存。

但被強迫與威脅的張力卻使公司內部產生團結的心情，我們討論了一陣子，決議不從。心意已定之後，我召集了負責其他國家業務的主管，說明了台灣市場碰到的狀況。令人欣慰的是，各國主管們價值觀一致，認為就算是重要的促銷，也應該遵循合理的經商之道。全體達成共識後，氣氛就開始化緊繃為鎮定，負責國外業務的幾個主管很有勇氣的表明，接下來會更強化海外的業績進帳，以平衡台灣可能面臨到訂單取消的風險。

上下一心的凝聚，使我吃了一顆定心丸。

堅持原則，得到意外的收穫

「春季促銷祭」開跑的前兩天，我加班到晚上十點，正要回家的時候，手機響起，我一看，是X通路採購主管打來的電話。

「吳董，我現在正在印刷廠監督銷售目錄的印刷，今晚就會印製好，明天一早寄送到各個門市，」採購主管說：「『寵愛之名』到今天都尚未同意加入『滿千折價』活動，如果再堅持，我會把『寵愛之名』的促銷訊息從目錄上撤下，您是否再考慮一下？」

雖然不參加「滿千折價」的活動跟「把所有促銷訊息從目錄上撤下」並沒有連帶關係，但我想這一切已是難以說清楚了。

「謝謝您的通知。」我只好這麼回覆。

看我這麼堅決，採購主管繼續說：「此外，為了讓消費者清楚分辨每個品牌的促銷方式，不要造成消費者混淆誤解，我們必須在您的櫃架上貼一個大大的告示，註明：某折價活動『寵愛之名』除外。」

「到時所有消費者都會看到『寵愛之名除外』的標示喔！」她說。

兩天後，促銷祭開跑了，各地區的外勤業務員紛紛回報：「櫃架上被貼上『寵愛之名』除外的告示牌了。」

我對品質很堅持，對產品更有信心，相信就算不是最便宜，也不會是銷售最差。同時，我也認為品牌要有一定的精神，公司也要有一定的態度。

後來，誰也想不到的結果發生了！

正因「寵愛之名」平常就以中高價做為品牌的定位，在促銷祭中還被大肆宣布「『寵愛之名』除外」，這樣的告示，竟反而讓消費者對我們的定位印象更深刻，對品牌價值也更有認識。整個促銷祭結束時，「寵愛之名」沒有捲入結帳時的低價競爭，銷售反而突破了預期的水準。

全公司都很驚喜，最開心的，莫過於最前線的銷售員，因為沒有折價、單價比較高，銷售員累積業績容易，銷售目標很快就達標，她們領得到銷售獎金。

大家對這樣的結果相當欣慰，經過這次事件，後來的數年中，每次大促銷，「寵愛之名」都高高興興地貼上「『寵愛之名』除外」的牌子。

他們這麼說

蓓姐的世界裡沒有不可能！

謝佳佳／台灣微告股份有限公司　品牌事業部副總經理

蓓姐就像很厲害的魔術師（她自稱是女巫，哈哈），她總是有辦法驅使我完成自己都覺得不可能的事。

我剛進「寵愛之名」擔任公關時，只是大四學生。某次要約媒體餐敘，蓓姐要我直接聯絡VOGUE的美容編輯總監。當時我覺得美容編輯總監遙不可及，蓓姐說：「不要怕，只要拿起電話，說要介紹新品，就這麼簡單。妳現在就打。」她站在我旁邊，不給我害怕的機會，我發著抖打過去，果然很成功，我竟然就這樣簡簡單單地完成了自以為不可能的任務。

還有更不可思議的經驗。「寵愛之名」跟某通路的合作關係緊密，有回我提案雙方獨家合作，當時對方碰巧換了新任總經理，蓓姐叫我自己去約新任總經理見面。「這怎麼可能？我只是一個小女孩耶。」蓓姐再次展現魔力說服我，她再次跟我說：「不要怕。」

我像被催眠般的打了這通電話，竟然真的當天見到了新任總經理，而且就是這麼神奇，我只花了三十分鐘說明獨家合作的提案，沒想到新總經理一口答應，那次合作銷售成績非常好。

蓓姐教我很多事情，總結就是Think Big，「不要怕」、「勇敢去做！」

後來我離開「寵愛之名」，但蓓姐的魔力常存心中。每當我覺得恐懼害怕、目標遙不可及時，我又會想起這些神奇經歷。

沒有不能達成的任務，只有敢不敢做的事情；一時失敗沒什麼了不起，真正的失敗，是你不敢踏出這一步。

堅守品質，需要不忘初衷，也要對自己的原則具備信仰。

人若精彩，天自安排
產品若好，明星自來

「寵愛之名」上市初期，只進醫藥通路，因為我對醫院、診所以及藥局通路的把關比較信任。

「寵愛之名」是率先獨家使用那麼多國際大藥廠多元化專利配方的醫美品牌，得到國際文獻的專業佐證，因此受到數間教學醫院皮膚科的採用並銷售，當這些數一數二醫院的皮膚科認可之後，其他知名的醫美診所也開始引進。

那時正是醫美療程初露頭角之際，對肌膚保養較具前瞻性的女性，會開始嘗試到醫美診所，用打美白針或進行雷射除斑、美白或控制出油的維護療程，認真寵愛自己，其中尤以女明星、名媛、具有經濟基礎的女性……為多。

「寵愛之名」的「亮白淨化生物纖維面膜 Melasleep Whitening Bio-Cellulose Mask」效果迅速又持久，受到專業醫師推薦於居家保養使用，口碑漸漸建立。

遇到巨星貴人

很幸運地，一位在兩岸三地極具知名度的國際女星，因緣際會使用了「寵愛之名」的美白面膜之後，覺得效果很好，對保養很內行的她，在她最新出版的著作裡，盛稱「寵愛之名的亮白淨化生物纖維面膜」讓她「白得從衛生紙進階到日光燈」，這一句發自肺腑、唯妙唯肖的傳神描述，讓「寵愛之名」的美白面膜馬上受到大眾的聚焦關注。

知名女星的美容書一上架就炙手可熱，書內推薦的商品也無一不走紅熱銷，各個都變成洛陽紙貴的一時之選，「寵愛之名」的美白面膜也不例外。但是歷經後來將近二十年時光的考驗，「寵愛之名」的美白面膜，是該書推薦的產品裡，目前還持續熱銷的經典面膜。

▲「從衛生紙進階到日光燈」這樣的形容詞，連我們行銷人員都覺得妙絕。

數年之後，有天早上，我一起床，手機的微信就湧入大批的留言。原來在某一個內地的實境秀節目裡，知名女星在贈送友人的伴手禮中，又出現看似「寵愛之名」產品的片段，雖然我們沒有積極去找出影片，但各地眼尖的觀眾與網友們都像柯南辦案一般地仔細搜尋，網路上又開始流傳美麗的女星送什麼保養品給友人的好奇。

受到演藝圈熱愛

有些專櫃品牌為了強化面膜的銷售，呼籲消費者應該「一天敷一片」，這麼昂貴的保養投資，令很多消費者心有餘而力不足。我在設計「寵愛之名」時，很想克服這一點。「寵愛之名」A級厚度的生物纖維面膜，可將精華液快速有效地導入於肌膚，亮白肌膚的效果，可以維持七～十天之久，比去美容沙龍做臉還划算，消費者一經過精算，「寵愛之名」很輕易地就在產品力上得勝。

此外，敷後可讓肌膚亮白感與保水度立即提升的特色，也受到演藝圈名人們的關注，專業的彩妝師紛紛購買，在為藝人上妝前讓藝人先敷上一片，之後上的妝，吃妝程度與持妝時間都讓人驚艷，效果對彩妝師跟藝人都大大加分，「寵愛之名」口碑在演藝圈迅速竄升，使用的男女明星愈來愈多，辦公室的行銷部經常接獲經紀公司或明星助理打來訂購的電話。我們最常收到的內容，就是他們要出國拍片之前，成箱成箱購買的訂單。

該不該打破原則？

演藝圈風行的消息，很快地被敏感的零售業注意到，連鎖美妝通路以及更多的連鎖藥局，開始積極找我們想要進貨。原本設定只在醫療院所銷售的藍圖，很快就受到了連鎖美藥妝通路採購的密集電話攻勢。

當時我們在醫院、診所與藥局銷售的店家總數不多，因此，另有一個自營網站「吳蓓薇的美麗殿」，消費者可以直接在網站訂購面膜，「吳蓓薇的美麗殿」結合當時的部落格，其實就是現在常見「品牌官網」的概念。

當口碑聲量建立，國內、外想要購買「寵愛之名」的消費者太多了，無法親自到醫療院所購買的消費者，會到「吳蓓薇的美麗殿」下單，每天慕名而來加上不斷回購的數量，生意好到供不應求。同仁們包括我在內，一到公司就開始忙著包貨出貨直到深夜，辦公大樓公共走廊上經常堆滿了要出貨的紙箱。幸好同樓層的商業鄰居都是好心人，不介意要跳著、拐著才能通過的走廊，路過時紛紛給我們打氣祝賀。

很多網路上的消費者，下了單之後，常常必須等一個月以上才能收到貨，這樣的現象有好評也有負評，有些消費者等太久了，也會上網抱怨。

「要不要打破原則，將通路開展到連鎖美藥妝店家呢？」持續接到連鎖通路採購的遊說電話，公司內負責業務的同仁非常心動。說實在的，我自己也在動搖，因為連鎖通路幾百家店的規模，以及可以進入城鄉的滲透度，的確可以快速擴大業務架構，立即解決消費者等待的抱怨。幾經思量，我們終於邁出了腳步，進入美藥妝連鎖通路。

時至今日，我與當初這位在書中推薦「寵愛之名」知名女星依然互不認識，也從來

▲「寵愛之名」的美白面膜到現在都是明星商品。

沒有業務合作。但我總會在媒體上關心她的消息與動向。真心覺得「寵愛之名」經營路上遇到的貴人相當多，這位女星是其中我非常感謝的一位。她對「寵愛之名」品牌的肯定意義，遠大於銷售業績，在品牌發展中的很多關鍵時刻，都產生里程碑式的影響。

衷心希望她一生被寵愛圍繞。

面膜女王 內心戲

要努力到什麼程度？
努力到會感謝自己的程度。

員工提問前，要準備三個解決方式

「蓓姊，對方的合約中提到，新的年度要加收運輸費1%，要怎麼回覆？」
「蓓姊，紅色在這種底色上表現不明顯，要換什麼顏色？」
「蓓姊，記者會的Press kit（媒體新聞資料袋）要印製幾份？」

創業的最初期，我自然應該要親自決定大大小小的事情，一來是全部的責任或錯誤由一人承擔、執行者可專心執行就好，二來當然是這樣解決問題的速度最快。

但是當組織架構一擴大，這方式就很不適合。有一天，我在會議室連續進行了無數大大小小的會議，好不容易有個空檔可以回到自己的辦公室，才剛坐下，一抬頭，就看到門外有公事要等我定奪的同事，竟然已經排成一排。

大家面面相覷，忽然一起爆笑起來。

「我好像醫生窩。」我有感而發。

「妳是在開簽書會。」同事也有感而發。

不斷地幫助員工成長

如果大家忙得焦頭爛額，但意見仍然一致，會很有一種共同革命的感覺；但若意見不同，又難達成共識，不安定的情緒就彷彿水中的漣漪，一圈未平一圈又起，在空氣中蕩漾，令人罣礙。員工有這種感覺，我自己也有。

年輕時採訪過法國 Pierre Fabre 集團中一個高階女主管，當天一起午餐時我問她：

「當跟屬下意見不同的時候，妳會怎麼面對？」

「當我跟屬下意見不同的時候，You Know，當然是他們聽我的。」她得意地說。

「當然聽妳的?!」習慣生活在禮儀之中的亞洲人如我，聽到的霎那有點不可置信。亞洲人面對這類問題時，回覆的答案通常都很圓融、類似打官腔。

「意見不同的時候，當然是聽我的啊，不然要組織架構幹嘛？」她又補上一句。

「好像也對……。」我猶豫地思考著。

後來創業，身為企業負責人，這個對話經常在我腦中浮現。

意見不同，最後當然是聽從最高主管決定。只不過，如果手法很粗暴簡單，溝通的品質就會很差，也難以真正發揮領導力。

有一晚，我跟同事在會議室中爭辯不休，大家筋疲力竭之後，終於向我屈服。即使如此，我沒有開心或勝利的感覺，開車回家的途中，反而懊惱十足。

分析自己的情緒，發現當下的感受是由氣急敗壞、擔心、抱歉與挫敗組合而成：對於同事不理解我的主意而氣急敗壞、對於同事沮喪的心情我感到擔心、對於我們的對立我感到抱歉、對於沒有共識我感到挫敗，所以「『當然是聽我的』這絕不是一件好事。」我驀然發現。

自從發現「當然是聽我的」不是一種好的方式之後，我開始思考「讓大家願意聽我的」的方式是什麼？

為了尋求答案，我找遍企管顧問業界的名師與課程，認真報名學習，包括：卡內基、談判、自我管理、專案管理、向上管理、留才與解雇、工作能力與習慣之分別、管理心理學……面對各式各樣的管理概念，無一不潛心研究。一旦學習之後，不僅使用在日常工作之中，同時也會將課程與教材跟主管分享，建立公司自成一套的共同語言。

好員工，永遠要有備案

到處上課吸收之後，我才開竅，如果是會議的主席，使命是刺激大家踴躍提出意見，然後做出決議，而不是自己也參與其中、發表已見；如果已經確定要交派一件任務，我可以邀請對方共同經歷討論的過程，在過程中主導共識的建立，而不是直接命令對方進行機械式的指令。

至於日常最常見的、同事不斷徵詢我意見的這件事情，我提醒自己必須去看到同事對我的尊重，給予感謝。但如果我希望決策能更有效率，我應該引導對方跟我一起思考。

「提問前，請準備好三個解決方式。」最後我想出這種模式。

這樣的好處是可以激發員工對於問題的責任意識，節省我獨自思索的時間，也避免獨自思考容易產生的不周全。腦力激盪的結果，會有很多創新的解決方式，此外，當最後我們發現，同仁提出的方式更好，大家一起採納時，不僅提供解決方式的同事很有成就感，大家對彼此的認同與互信又更深入了。

他們這麼說

蓓姐解決方法永遠比問題多

康雅芝／鎂鉑行銷顧問公司創辦人暨董事長

先談一下我跟蓓姐的緣分，我是政大三年級（二〇〇四年）時來到「寵愛之名」擔任工讀生，協助公關媒體相關事務。每次見到蓓姐總是光鮮亮麗，她可以在背著名牌包的同時，還優雅的捧著一箱要送的貨（沒錯！怎麼辦到的?!但蓓姐在我心中的形象就是如此美麗超能！）。

後來因投入論文沒法繼續工讀，但未料緣份並未止於此，二〇一二年「寵愛之名」進行海外市場開拓的時刻，我又有了回來的契機，擔任海外市場部行銷主管。這次回歸與蓓姐有了緊密工作機會，跟蓓姐從市場策略、媒體採訪策劃、到團隊管理、企業經營，甚至是個人情感……等等，蓓姐都可以提點解惑，當時對我而言就是人生的導師，而且是「永不妥協」的那種導師！

「解決方法永遠比問題多」也是與蓓姐共事的最大學習，蓓姐喜歡開會時一起腦力激盪，遇到不一次列出十個以上解決方案，她是不會善罷甘休的！

還記得有年跟蓓姐一起到大陸出差，回程時恰逢春節，高鐵站人山人海，我因誤判路況而錯過原訂的車次，車站現場人滿為患。我還在隊伍中苦思解決方案的同時，未料看向前方，竟看到蓓姐手上拿著三十分鐘後出發的車票出現了！令人讚嘆，果真入境隨俗！

蓓姐的解決方法永遠比問題多！

面膜女王
內心戲

和重視的人建立只有你們才知道的共同語言，可以有效減少對焦時間。

生物纖維靠科技，好面膜無法仿冒

發現生物纖維具有超強的護膚效果，是認真工作帶來的巧合；但若要進一步研究發展出面膜，中間有很多難關要克服。

生物纖維是微生物菌株分泌所形成的，培育微生物菌株的過程，需要有很大的廠房空間，培育期間，空氣的濕度、溫度、餵予的養分……等等，每一個環節都充滿學問。

生物纖維是有機的，用其生產出的面膜具有親膚性強、不易過敏……等優點。相較之下，坊間常見的廉價面膜，用的可能是不織布或是棉布纖維，材質是無機的，量產的環境條件相對很簡單，所以成本可以降得很低。

「寵愛之名」就像精品一樣被大量仿冒

用生物纖維研發出的「寵愛之名」面膜迅速獲得好評，女星與名人紛紛購買並公開分享心得，因此很快地，市場上就出現很多模仿的情況。

我印象最特別的是早期有家知名大紙廠想開創第二事業，於是創立了自有的保養品牌。有一天，同事看到該品牌推出新的美白系列產品，廣告Slogan竟是「配方跟『寵愛之名』一樣」。

「寵愛之名」生物纖維面膜的配方十分特別，這是商業機密，研發與製造的成本也很高，任何品牌不可能跟「寵愛之名」一模一樣。但是從這個Slogan足以看出，「配方跟『寵愛之名』一樣」是業界夢幻性的指標。

「蓓姐，仿冒品那麼多，太可惡了，我們應該要一一告發！」同事們很不平，經常這麼說。

對於仿冒品，不論是商標上的、廣告訴求上的，或是自稱為生物纖維但其實不是的……等等，我遇到過很多，坦白說，心裡的感受很淡薄，氣憤感很小。一來是真的太忙了，光是生產、製造、交易……就忙不過來，根本沒時間停下腳步去計較；另一方面，優質而成功的產品，在市場上出現仿造是合乎人性的事，所以可以看到Louis Vuitton、Chanel、Christian Dior……等高級精品的仿冒品那麼多。

「在高端的消費市場裡，只有最高級、最頂尖的精品，才會有仿冒品，」我把精品當成例子，跟同事們說：「即使很多仿冒品，但只要我們走在軌道上好好經營，我們的營銷不會受仿冒品影響的。」我說。

「換一個角度看，仿冒品的出現反而證實了正牌的好名聲。」我說：「在國內的市場中，你們看過哪個台灣的保養品牌像『寵愛之名』這樣，遇到大量的仿冒品嗎？」

這一切在轉念的霎那，變成被肯定的象徵。然而，我的念想沒有停留在仿冒品上太久。

真正的模仿不容易

不僅台灣，甚至對岸，都出現相當多的仿冒品，仿冒品包裝做得維妙維肖，但是一打開就可以看出跟本尊的差異。

我不在乎一點都不像的仿冒品、也不怕後來出現的次級品，是因為要仿造出真實、有效的生物纖維面膜，真的很困難。我們一步步跨過研發的難關，才知道要成功沒那麼容易。

生物纖維面膜有以下的特點，很難被完美模仿：

1. 有機性質，親膚性強。
2. 3D立體結構的纖維，具有重量，可將精華液有效壓入肌膚。
3. 透氣不透水，可保全精華液不被蒸發而肌膚又能透氣。
4. 二十奈米的直徑，小於細胞溝槽，柔軟滲入細胞間隙，完全服貼肌膚，再次強化精華液的滲透。

以上特質，要靠培育至少十五天以上的長時間，才能培育出重量厚度都足夠成熟的成品，空間與時間的成本消耗都大。

很多品牌為了控制利潤，往往會選用比較薄的次級品。次級品不講究纖維的縝密度、重量與厚度，所以不需培育那麼多天，時間與空間的成本都可下降。但是重量與厚度不夠的生物纖維面膜，就難以達成以上的優點。

A級厚度，無人能及

雖然不怕仿冒，但很多國、內外買到仿冒品的消費者，會打電話或在官方社群網站留言，跟我們求證或是訴說上當的困擾，這時我們會輔導其了解真正的生物纖維以及作用的原理。

有時候，我們會寄上一片「寵愛之名」的生物纖維面膜讓其試用，安慰消費者遭到仿冒品欺騙的受傷心靈，當然也是為了推廣。

為了讓消費者明白他們買到的是否是有效的生物纖維，我將生物纖維面膜依厚度分成三種級別，A級厚度，這是最厚的，往下則有B級、C級厚度，到目前為止，只有寵愛之名始終使用A級厚度。

生物纖維面膜的製造過程更是學問重重

除了厚度與重量之外，生物纖維面膜的製造過程更是學問重重。不織布或棉布面膜，加工之前是無機的乾燥布膜，在加工時沒有特別的禁忌。

但是生物纖維就完全不一樣。首先，有機的生物纖維本身就帶有營養成分，再加上含水量很高，加工時的重點就在「避菌」。

避免細菌孳生需要廣度很大的顧慮。首先，「寵愛之名」的加工環境是

▲「寵愛之名」的生物纖維均是A級厚度的嚴選膜布。

經過特別設計的，加工室的空氣流向跟加護病房一樣，空氣只能出不能進，是所謂的「正壓室」，使外界空氣的雜質不會進到加工室中，用以嚴密控制空氣中的落菌數與落塵量。另外，在摺疊操作的過程更是在「無菌機台」上完成。

「寵愛之名」有極機密的S.O.P.製造過程，Know How極少人知。聞名遐邇的「亮白淨化生物纖維面膜Melasleep Whitening Bio-Cellulose Mask」是上市至今，歷經十幾年時光淬鍊的著名經典商品，「三分子玻尿酸藍銅保濕生物纖維面膜Hyaluronic Acid GHK-Cu Moisturizing Bio-Cellulose Mask」、「亮白淨化光之鑰生物纖維面膜Melasleep Brightening Lumi's key Bio-Cellulose Mask」、「全能抗皺神經醯胺角鯊生物纖維面膜Advanced Anti-Aging Ceramide Squalane Bio-Cellulose Mask」……等等也是市場上少見的長青銷售商品。

消費者目前在市面上除了「寵愛之名」，可能還可以看到B、C級厚度的其他薄式生物纖維面膜，但消費者有所不知，有更多品牌因出現發霉現象而在銷售過程中下架或整批報廢。

這麼複雜嚴謹環境下生產的面膜裸片，又必須要求A級厚度，這種投資不是一般品牌所願意承擔的，要仿冒自然不容易。

被仿冒是品牌成功的見證。

商道良心、善惡有報——連鎖藥局之騙①

「寵愛之名」的研發與製作，一直以來都本著以對自己與愛用者肌膚的寵愛之心，所以堅持使用成本不低的生物纖維，這樣的心意，很快贏得眾人的青睞，連明星都自掏腰包購買，引起更多迴響。

當我們決定跨出醫療通路，邁入美藥妝連鎖通路的時候，主動上門的客戶也跟著增加，包括國內外的連鎖藥局。

跟連鎖通路合作的好處很多，除了業務規模較大，連鎖藥局或美妝店會派出固定的採購跟我們接觸，只要雙方談妥方向，後續就有數百間的門市同步進貨。跟以前要一家一家醫院、診所洽談合作細節，然後一家一家去送貨、收款相比，連鎖通路的效益提高了很多。尤其當展開行銷活動時，門市的數量更是越多越好。

當時，國內某家知名度數一數二的Y連鎖藥局也跟我們接觸，比較難以理解的是，雖然主動聯繫，但是Y藥局採購的態度卻不友善。

「我們可是很大的連鎖加盟型藥局，全國總共五百家，」傲慢的採購向我們介紹他們的背景：「五百家藥局各自獨立作帳、盈虧自負。」

原來Y藥局的模式是直營店與加盟店交錯並存，為了算帳與檢視績效方便，每一家門市都是獨立一間公司，有獨自的公司名稱，也有獨立的統一編號，所有分店都是採用獨立的利潤中心制，分店長要負責各分店的損益盈虧，最後才將財報匯到總公司，由總公司彙整做成損益總表跟資產負債總表。

我跟同行的同事正在納悶：為何要解釋這麼多內情的時候，採購繼續表明：「所以，任何品牌要不要上架，得經過所有的分店長同意才行。」

「每個分店長都要同意?!」商場歷練還很資淺的我們，被唬住了，聽了之後睜大眼睛問。

「對。」採購經理說：「你們想推廣哪些產品，就要準備該產品的試用品五百份以上，每個分店長都試用認同後，我才能開始下單。」

「每個品項都要準備五百份？」我的同事說：「但，其中有兩個品項是生物纖維面膜，面膜沒有試用品……」

採購給了一個「你們自己看著辦」的犀利眼神，看我們還不走，開恩似地補了一句：「那面膜可以給正貨。」

「正貨?!」同事覺得為難。試用的樣品通常容量比較小，相對成本也較低，但是可以販售的面膜正貨就不一樣了，採購這個要求把費用總額提高了很多。

樣品測試石沉大海，真心換絕情

在營運規模已上軌道的現在，五百份試用品不算什麼，但在公司剛萌芽的當時，五百份也算是小小的負擔，另外，還要加上兩種不同功能的生物纖維面膜各五百多盒，光是面膜就一千多盒，這個敲門磚對我們來說負擔很大。到底要不要提供這麼多試用品以及正貨呢？

「蓓姊，」回程的路上，同事問我：「怎麼辦呢？」

「我們就備貨吧。」我想了一想，這麼決定。

試用品的發送，並不是只要給出那麼簡單，還要附上產品的功能與使用說明，才能讓分店長明白試用到的產品是什麼，又為了讓Y藥局的分店長們了解應該怎麼銷售，我們更特別印製了帶有銷售話術的專屬目錄。

「過兩天我們有全國店長總會議，如果要分發試用品的話，那就搶時間明天送來吧。」採購不斷地催促。

Y藥局採購的態度雖然傲慢，但在催促的時候卻很積極，從不偷懶，勤快到一天可以打二～三通電話，在不斷被催促的叮嚀下，我們愈來愈興奮地期待各分店長們試用後的答案。

羊入虎口，試用品變成模仿的樣品

想不到整批貨送過去後，Y藥局就從此失聯了，我們一再跟對方聯繫都沒有下文。將近一個月之後，採購透過屬下傳話，試用品跟面膜的提案沒有通過分店長的試用，整件事情就這樣落幕了。我們對這個答案很訝異，因為以前幾乎沒有吃過閉門羹，難道他們真的不喜歡「寵愛之名」的產品嗎？

過了幾天，我接到代工廠老闆打來的電話。

「吳董，跟您報告一件事。」他說：「前陣子某大藥局打電話給我們，希望我們幫他們代工生產保養品，指定的條件就是配方要跟『寵愛之名』一樣。」老闆又說：「藥局寄發過來的條件，我可以傳真給您看。」

從研發生物纖維開始，我就跟代工廠保持很密切的互動，我們一起進行各式各樣的研究，包括：如何研發、保存、表達配方理念、又如何將其功效發揮到最大……，孜孜不倦地切磋如何可以使產品表現更好。後來銷售量出現佳績，更使我們之間產生了濃厚的革命情感，所以代工廠老闆會跟我講這件事。

老闆表態：「您放心，我不會使用『寵愛之名』的配方幫大藥局製造生產，這是我的職業道德，我不會把A客戶的配方交給B客戶複製。」老闆語重心長地補充：「但是您要小心，您剛剛進入業界，業界就是水很深，不要太單純。」

老闆繼續說：「我跟您保證，這筆生意我們不會做。」

老闆口中的大藥局，就是積極向我們索取大量樣品與面膜的Y藥局。所以原來他們不是不喜歡「寵愛之名」，而是太喜歡，喜歡到不只連試用品想貪取，甚至還想要抄襲。

從此之後學會要簽約

江湖險峻，什麼事都有。

雖然碰過很多假冒跟模仿，但索取大量樣品又找跟我們同一家代工廠仿製，是我想都沒想過的捷徑。回想自己當初，為了設計「寵愛之名」的各項產品，不知有多少個夜晚從夜深思索到凌晨，每個產品的誕生，都經歷了多少次配方的修改、打樣的調整，嘗試過多少失敗……。這麼認真、希望自己的品牌擁有獨立核心價值的我不能體會，若要推出自有的品牌，怎麼會願意跟別人一模一樣?!

我始終相信人性本善。後來不知道是善惡有報，還是這家連鎖藥局被自己投機的價值觀與經營理念影響，短短兩、三年之後，他們就迅速地萎縮了，如今的街頭很難得再看到他們的招牌。

「寵愛之名」雖在事件中沒受到影響，但我內心感謝代工廠老闆的提醒，也很慶幸依賴的對象有職業道德的情操。老闆的話經常縈繞我心。我開始明白，除了要慎選合作對象之外，也應該要跟供應鏈簽署合約；我們的供應商很多，雖每個都是好友，彼此也慎守商業分際，但是在品牌安全上，不能依賴運氣。

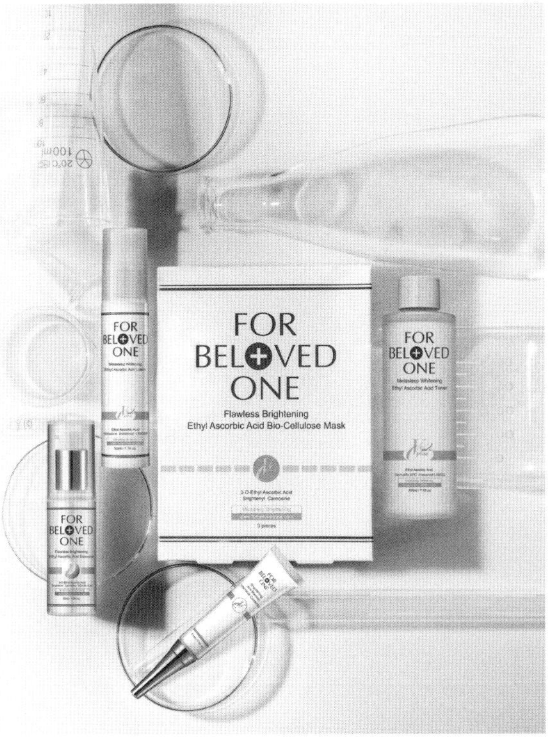

▲「寵愛之名」每個系列都有獨立的核心價值。

我這隻小白兔，走入商場叢林是自願，本來是為了分享對自己、對他人都有幫助的產品。經過這件事，我更相信商道本於良心。

誤入叢林並不可怕，
可怕的是不知生存法則。

誇張仿冒，本末顛倒——連鎖藥局之騙②

「寵愛之名」推出之後，每天都有新的挑戰，忙得非常充實，隨著產品線愈來愈完整，市場的仿冒也愈來愈別出心裁。

產品線很快地從生物纖維面膜，垂直衍生出美白系列、保濕系列、抗皺系列、控油系列、卸妝系列、防曬系列、凍膜系列、抗敏系列……，大部分的系列中都包括化妝水、精華液、乳液、早晚霜……等等，品項有數十種之多。

「寵愛之名」不只在台灣受到消費者愛用，各地的業務也陸續擴展，很快在很多國家的實體連鎖門市上架。上架的規模，多是約一個人高、一公尺或一點五公尺寬的大壁櫃，因為要有那麼大的空間，才放得下全品項的商品。

全品項一起上架，看起來很有氣勢。壁櫃上，會有漂亮的廣告燈箱。尤其是國際知名的頂級美藥妝通路，更是講究門面，還可以讓我們安裝電視螢幕，持續播放「寵愛之名」的廣告影片（TVCF）。來洽談的通路都很有概念，只要一展開合作，就會採購全品項，通通進貨、上架，盛大展示。

就在這個時刻，國內又有一個U連鎖藥局來找我們聯絡，但是卻表明只要採購明星商品中的「亮白淨化生物纖維面膜Melasleep Whitening Bio-Cellulose Mask」。

「其他的品項都不要？」我們的業務再三確認。

體驗過「寵愛之名」生物纖維面膜效果的消費者，一定會對「寵愛之名」其他保養品產生信心，門市銷售人員會很樂意進行連帶銷售。連帶銷售不僅很容易讓業績堆疊，幫助銷售人員很快達成業績目標；另一方面，使用同一系列的保養品，也能讓消費者感受到我們對於同一系列產品，在成分搭配上的用心，得到相得益彰的保養效果。

神秘的藥局，就算可以提升業績也不進貨

因此當U藥局表明只想上架「亮白淨化生物纖維面膜」時，我們覺得跟銷售策略不吻合，決定放棄合作。U藥局的採購不死心，殷勤地闡述她個人多麼喜歡我們的面膜，希望我們可以通融。

拉鋸數月之後，藥局的採購建議：「請諒解我手上的採購預算很有限，我們公司今年本來不再有計畫進新的品牌，但是我太喜歡您們的面膜了，我拍胸脯保證，我先採購『亮白淨化生物纖維面膜』，等我們的銷售員習慣熟練您家的面膜之後，我一定再增加更多的進貨預算。」採購說得很誠懇，加上商議的時間很久，我們後來也就答應了。

雙方談妥之後，採購很快地下了第一批訂單。在我們的經驗裡，通常新貨上架的估貨方式為：假設一家門市預估每個品項進貨六十支，其中六支放在架上，將該店的貨架擺滿，剩下的五十四支放在店內的小倉庫或者總倉內當作安全庫存。

因此，（品項數＊60支商品＊店家數）等於第一批訂單的總數量。如果門市上銷售得快，採購會在第一、二週Email來第二批訂單，接下來就會產生規律補貨時間。

當U藥局的採購將第一批訂單Email來的時候，我們看了又感到納悶，因為自稱熱愛我們商品的她，訂單計算方式為：一家門市只採購六支。這無疑等於，只要將貨架擺滿，並不考量安全庫存。

「蓓姊，這麼少的量，不到我們公司規定的最低出貨額呢！」業務同事說。

我們覺得事情很可疑，但又說不出那裡有問題。

認真得可疑的銷售人員

「亮白淨化生物纖維面膜」在U連鎖藥局上市之後，採購督促我們盡快進行教育訓練。在零售業界，產品進入通路之後，品牌會派遣專有的教育訓練講師，對店長以及銷售人員進行培訓，講解產品的功能與特色、如何銷售、如何進行售後服務……的輔導，以便輔導銷售員盡快熟悉商品，進行銷售。

有時候，教育訓練大會和通路總部的月例會合併舉辦：通路總部在每個月固定的其中一兩天，調動各地的分店店長與銷售人員到指定教室，進行月會，品牌供應商可利用這個時間，同時抵達會場，趁銷售人員都集中一起的此刻，將要傳遞的訊息一次表達，效率最快。

但U藥局很特別，懇求我們不要等待他們月會的時間才進行教育訓練。「這樣會來不及，」採購急如星火地跟我們說：「可不可以拜託你們的外勤業務員，在每天訪店的當下，就直接幫銷售人員培訓？」

「外勤業務員授課的品質跟到教室上課的教育訓練不一樣呢！」我們的同仁回覆。

「不要緊，只要快就好。」採購殷切地期盼。

U藥局門市的銷售人員也異常熱情，我們的業務員一抵達門市，通通都出來迎接，聽講時都很認真，還細心地用手機錄影、做筆記，像海綿一樣吸收著我們產品的精髓，這麼認真的態度，促使我們的外勤業務員也很樂意傾囊相授。不過，我們在心裡猜想，一家門市只採購六盒面膜，一天就能賣完了，在庫存後繼無力的情況下，U藥局的銷售人員這麼認真是為了什麼?!

廠商培訓當作是白吃的午餐

事情的疑惑很快有了解答！

一個月後，U藥局推出了自己的生物纖維面膜！

除了包裝上採用U藥局的名稱、成分中少了專利配方，其他行銷方式、向客戶展示的手法和使用的測試裸片，全都跟「寵愛之名」一模一樣。

U藥局把自己推出的面膜品牌放在「寵愛之名」的旁邊，售價比「寵愛之名」便宜很多。原來，U藥局早已盤算要推出自己的面膜，但沒有自行銷售生物纖維面膜的經驗，急需我們惡補，因此整體計畫為：採購只進一小批貨，以便合理地要求我們訓練藥局的銷售店員。

這個真相令全公司的同仁震驚，外勤業務員尤其怒不可遏。

「我沒日沒夜全國跑透透，趕進度做教育訓練，說到聲音都啞了，換來的結果竟然是欺騙！」業務員之一說。

「我去U藥局擔任神秘訪客，才剛說出要買『寵愛之名』生物纖維面膜，門市人員馬上進行『轉單』（把消費者引導到其原本沒有購買計畫的商品），跟我說『要不要試試看這一款，可以算你更便宜』，真是太氣人了！」另外一個業務員附和。

「實在可惡，銷售的手法完全模仿我們，步驟一模一樣。」又一個業務回覆。

我跟業務主管、業務部同事集合在會議室，各個業務們對U藥局的咒罵不絕於耳，跟Y連鎖加盟藥局的騙局不同，這次是連我的員工們都一起受害，白費了努力與時間。

「那麼，我們產品的銷售有沒有受到影響呢？」我問。

「U藥局雖然對消費者進行轉單，但我們的面膜還是有順利銷售出去。」業務主管回答。

「全國其他通路的銷售，有沒有影響？」我再問。

「沒有。」業務主管回答。

沒有就好。我在心中計算，U藥局在全國大約有一百家通路，「寵愛之名」當時在全國大約有一千二百多個銷售據點，以這樣的比例來說，影響應該不大。

我仔細研究了U藥局的生物纖維面膜，厚度比我們薄很多，拆封後也有容易破裂的情況，更不要說我們投入了優質的國際藥廠專利配方，模仿的產品只能用很單薄來形容。

不是真金，就怕火煉，時間一過，U藥局的生物纖維曇花一現，很快消失在競爭激烈的保養品紅海。不願意投入誠意去研發商品，只想走捷徑獲取利潤，連教育訓練也想假手他人，證實了本末倒置的經商理念，只會加速產品的滅亡。

商場中的取巧捷徑，常常是通往失敗的高速公路。

人在北京，用電腦主機取暖的日子

「寵愛之名」不只跨出台灣，還進軍全球，其中消費者最捧場的市場就是大陸。

「『寵愛之名』應該開始準備去大陸了。」C君在二〇〇七年說。

「產品不是已經在大陸發展得不錯了？」我疑惑。

當時幾個在台灣合作很緊密的通路，相繼在對岸開立實體店，這些通路準備前往大陸發展之初，就跟我們先談好了上架合約，所以「寵愛之名」不但已經供貨，銷售成績也很亮眼。

「我是說，依目前的發展情況，可以前往大陸深耕了。」C君說，「大陸的工作女性能力進步神速，如果不趁年輕跨出舒適圈，在國際職場上相比，很快就會不進而退。」

仔細想了想，講得不無道理，雖然離開熟悉的環境會使我心生膽怯，但是當時旺盛的企圖心像是一把熊熊烈火正在燃燒，而且我也很喜歡神州的精彩風光與生活模式。於是很快地，我決定深入進到改革開放之後正在蓬勃發展的新環境。

選上海還是北京？

很多台商剛開始來到幅員遼闊的大陸發展，辦公總部一定會設在上海。剛開始，我對於各省及各大都市的特色，可說是沒有太多認識，直覺卻是想要前往北京。

相熟的經商朋友都認為上海才是商業發展的重區，力勸我選擇上海，對我一心一意首選北京的決定很不明白。

我一下子也說不上來是為什麼，日後回想，這可能跟我的個性有關。當時感覺到的上海，是一個很浪漫熱鬧、充滿時尚流行的大城市，這種環境，或許吸引很多人，但是我早就深深對北京的濃郁歷史氣氛神往，那裡有紫禁城是兩朝皇宮，現在也是首善之都，古老與現代多種文化交織在一起，帶給我充滿啟發性的想像與力量。

透過輾轉又輾轉的介紹，我認識一位做過生意卻失敗的北京年輕男子W先生。W為了償還他創業失策而造成的債務、還要維持妻小的生活，必須重新找工作增加收入。他在我北京的辦公室八字還沒有一撇之前，就已成為我在大陸的第一位員工。

W做生意失敗是有跡可循的，他的個性熱心純樸，但常常被社會輿論影響，陷入盲從跟風。我跟他一合作，馬上就理解他的特質。

他這樣的個性或許不適合創業，但是在初期幫我擔任執行者卻意外地適合。他積極投入任何一個我想進行的事項，協助我融入當地，雖然因為不夠細心而經常出錯，但也偶有佳績。有些事情被他的勤奮搞砸，有些事情又因他的小技巧成功，他的表現讓我有時候氣炸、有時候欣慰，更常啼笑皆非。

半路推車與電腦取暖的日子

W有一輛又舊又破的小車，我在北京的日子，就靠他開這輛小車帶著遊走。他的小車有一個特點，就是超級容易在我趕飛機的途中拋錨，我經常在十萬火急趕路的情況中，還要跳下去幫他推車。

即使如此，我們還是一起完成了北京辦公室的設立。

就在W青黃不接、凡事半吊子的奮勇協助下，我們很快安排了各種員工的面試。當時買下的辦公室尚未粉刷規劃，也沒有辦公家具，為了品牌的門面，我把面試地點設定在我下榻酒店的咖啡廳。這是一個我在北京習慣下榻的酒店，酒店服務員對我都已經熟悉。我跟酒店的主管以及服務員相處得不錯，每逢我要面試，他們會特別保留一張窗邊角落的好位置給我，我常在這裡一待就是一整天，儼然已經成為我的行動辦公室。

一個接一個的面試者，來到酒店咖啡廳。有時候，前一位應徵者談得不錯，下一個應徵者就必須多等候片刻。此時，酒店服務員就會很好心地幫我招呼下一個應徵者，給她一個座位，在旁邊稍等。

面試完成之後，我沒有立刻聘用原本預期的大量員工，而是只找了一位外勤業務、一位會計，加上W，這就是最初的團隊陣容。

辦公室完成裝修之後，我急迫地進入營運的軌道。但是我的營運模式跟其他公司不太一樣，沒有大張旗鼓地宣揚辦公室的落成，也沒有一步到位地全員佈齊。相反的，我新增員工的速度緩慢慎重，因為在踏出跨海經營的過程中，我發現遠距管理充滿學問，需要因地制宜的技能，而我自認這些技能還不夠成熟。

我嘗試用台灣員工輪流出差北京的模式，取代一開始就全部聘雇當地新的員工，台灣的年輕同仁們也很高興有機會可以出差，開開眼界。

我參考當時認識的幾個台商朋友的模式，先在東三

▲很多媒體都對我從媒體人轉身創業的經歷感到很有興趣。

環的小區買了一間房子。房子很大，有很多房間，其中最大的一個房間當作倉庫、還有一個當作會議室、再一個當作雙人的員工宿舍，最小的就當作我的房間兼個人辦公室，至於原本的客廳，理所當然地就被安排成員工的辦公區域。

台灣同仁到了北京，因為都是女性，可以都住在辦公室的員工房間裡，白天從房間走到客廳就可以上班，下了班，大家會一起到三里屯、世貿天階……等地方吃飯喝酒交朋友，融入在地的生活。日子過得很簡約充實，又十分愉快。

北京季節分明，尤其冬天很冷，剛來時不太能適應，記得有個週末，我跟另外兩位台灣同事住在宿舍，當時的天氣特別冷，已經下雪了，社區大樓雖然有供暖設備，卻不足以溫暖來自遙遠南方的我們，我們冷到直打哆嗦，就算是躲在被窩裡，也冷得不敢亂動，實在是太冷了。到底該怎麼辦呢？東想西想，如果這時有一台暖爐該有多好？

▲ 前往大陸創業，終於小有所成。

忽然靈機一動，三人披著棉被跑到假日無人辦公的客廳，把電腦主機通通打開，讓電腦啟動，然後我們一人選一台主機，偎在旁邊。那個年代的電腦主機只要一開機，就會散發明顯的熱度，「電腦暖爐」溫暖了我們快要凍僵的手腳。我們用這種方式度過了初期的半年，辛苦又充滿趣味，令我難忘。當夏天來臨，很快的又因為擴張而更換了辦公地點。

面膜女王
內心戲

耐得枯山澀水寒風冷，
終領春風徐徐萬物生。

用心安排上海宿舍，羨慕員工入住

北京的日子充滿著創業之苦，但我甘之如飴。

最主要是因為這裡的生活令我非常享受，我結交了無數好友，北京的任何一個地點我都喜歡，最喜歡的是後海的荷花花園。當時的後海有著船夫搖槳的小船，遊客可以租船遊後海，岸邊有很多口味地道的餐廳，點菜後服務員可以送到船上，讓遊客們可在船屋裡點燈享用。我最喜歡叫上一桌滿滿的好菜，加上幾壺好酒並同時烹茶，宴請朋友們同樂，看著船頭搖槳的船夫背影，船身輕微搖晃，在友人的喧嘩笑鬧中，我經常不能自己地陷入穿越時空的遐想。

我也喜歡坐什剎海的黃包車，常會挑一個沒事的下午，專程跑去坐黃包車。黃包車的路徑就是什剎海區域的胡同，這裡既是京城文化不斷上場演繹的歷史舞台，也是普通老百姓生活的場所。七彎八拐的胡同就像蜘蛛網一樣崩塌我的方向感，只能依賴著黃包車夫的腳程，走進恭王府、廣化寺……等等歷史古蹟之中，古代與現代的交織，令我覺得滋味萬分。

打滴的師傅是最佳消息來源

然而，時間久了以後，我漸漸地感到，太多的通路或配合廠商總部設在上海或華南，使我必須經常飛往南部開會，每一趟到上海，一住也要住上好幾天。北京縱使魅力無窮，但若要經商，設址於上海還是比較方便。為了長遠著想，加上股東們的勸告，我終於決定遷址上海。

喬遷上海，初期我一樣是一個人獨行，一樣地從找辦公室跟員工宿舍開始。

在上海，我沒有W先生的幫助，全部自己一個人來，但這時我對內地已經比較熟悉了。根據我的經驗，如果想了解一個地方，從「打滴（坐計程車）」的「師傅（司機）」那裡得到的消息最地道！

不知哪裡來的想法與傻膽，我開始天天自己一人坐計程車，繞著上海市胡亂轉，為了從不同的師傅那裡搜得不同的資訊，我一部接著一部，換著計程車遊車河，在車上我不斷地跟師傅聊天，詢問上海的各種情況。

「師傅，這個小區兒叫什麼名兒呀？」

「這兒房價多少了呀？什麼?!那麼貴嗎？」

「上下班兒擠不擠呀？」

我用從北方學來的捲舌音，自作聰明地問東問西，現在回想起來十分好笑。

認識上海地區以及小區特性可以靠打滴的師傅，但看房子可不行。

我選定了幾個小區之後，開始到小區附近的路邊找仲介公司，這期間我遇到好多古道熱腸的仲介先生小姐，他們並不為了做生意而獻殷勤，相反的，很有人情味。

「小妹妹，」可能我太狼狽了不像企業主吧，仲介們看到我不是叫我小姑娘，就是叫我小妹妹：「太陽太辣了，妳在屋裡坐會兒再去看房子吧。」「這裡沒有妳要的房型，我幫妳打電話問問其他的小區啊！」

我遇到很多好人，其中很多是二、三線城市移居到上海來求職的，他們很質樸天真，跟人講話簡直掏心掏肺。

羨慕住在員工宿舍的員工

其中有一個最令我難忘的，是一個來自浙江的年輕女孩，她很認真幫我找房子，看了好幾間都沒有中意的，我正要放棄的時候，她竟在資料中看到了一間符合我開出的條件、但距離比較遠的物件。

「這樣吧，我騎車載妳去。」年輕女孩說。

「可以嗎？不好意思耶。」我說。

「沒事兒，我這有一台電車。」她說。

她口中的電車，原來是台電動腳踏車，她到騎樓底下推出一台很小很小的電動腳踏車，「上車吧，欸～」她叫我。

我跳上了年輕女孩的後座，這是我第一次坐電動腳踏車。電動腳踏車的輪子很小、直徑很短，坐墊離地面的距離也非常近，坐上去膝蓋彎曲後幾乎不能踏上後輪旁的腳踏板。但為了她的熱心跟我需要的房子，我奮力地忍耐，小電動車載著我們兩位大姑娘，想必也十分辛苦吧。

我們兩個在充滿法式氛圍的上海小巷弄裡搖搖晃晃、繞來繞去，明亮的太陽從樹葉的縫隙照下來，路邊有很多賣著傳統小食的小店，店裡有一些人，風吹過來，樹影晃動下竟有一種寂靜的味道。

然而，就等我們看完房子，回程的路上，我的大腿終於抽筋了。

就這樣經過了無數次的看房歷程，最後我找到了理想中喜愛的房子，房子坐落在靜安區的一個地鐵站附近，步行可以走到人民公園，再勤奮點可以走到南京西路。我很喜歡在附近遊逛，屋後的小巷子內有傳統市場，我每每到那裡吃麻辣燙、買甜燒餅，想像自己是當地人。

1. 上海靜安小區中的房子，鬧中取靜，裝載很多出差的有趣回憶。
2. 整齊的房間雖然稱不上豪華，但也清爽乾淨。
3. 小小的廚房後來成為員工工作後，晚上齊聚煮消夜的地方。

接下來「寵愛之名」在世界各地的生意愈來愈興隆，我的行程很快地從內地轉換到東南亞。我在上海辦公大樓設立辦公室，這間房子同樣也變成員工宿舍，我把宿舍裝潢得簡單雅致，雖然並不豪華，但我用了大量我喜歡的白色素材，完工後，自認為很有一種靜謐素雅的感覺。後來在我較少到內地的時期，我經常羨慕可以出差住在裡面的員工。

喧嘩中的靜謐，像河床裡的金沙，一點點就彌足珍貴。

韓流壓境，副牌「寵愛女孩」誕生

二〇一〇年之後，韓劇風靡全世界，不僅韓劇令人著迷，韓國的一切商品也同時受到全世界消費者矚目，其中尤以韓牌保養品為甚。韓牌保養品花樣眾多、新品更新率高、價錢便宜，加上獨特的行銷營運手法、韓劇偶像代言的加持，霎那擄獲全世界消費者的芳心。在那個當下，通路中的原有銷售排名瞬間洗牌，前幾名的品牌銷量名次遇到亂流，上下不穩，我們也感受到這股壓力。要注意的是，銷量不是銷售額，低價產品會衝高銷量，但銷售總額未必很高。

韓國保養品最著名的競爭力就是售價便宜，光這一點，就足以讓消費者願意冒險進行首次購買。用了若是覺得還不錯，就會繼續回購，用了覺得不理想，損失也不太大。值得注意的是，韓牌的回購率並不低，這表示某些經歷過市場淬煉的韓國品牌，縱使採取低成本策略，還是可以被消費者接受。當時在連鎖美藥妝銷售的醫美品牌，都很想抵擋這股韓流的猛烈攻勢，這時候，很多品牌在通路的施壓之下，紛紛調降售價，選擇使用低折扣戰略來應對。

迅速決定推出副牌

「寵愛之名」也受到各通路採購人員的遊說，採購人員們認為韓牌賣得好，主因是便宜，因此如果要應對，最簡單就是打價格戰，快速地祭出折扣力度夠深的促銷活動，認為這就是反擊的上策。

「您們應該降價了，看看這些韓牌售價，連『寵愛之名』的三分之一都不到。」通路的採購人員跟我們的業務溝通無效之後，直接打電話給我：「×××、××××牌子的銷售量愈來愈好，推出的組合打對折，買的人更多，大家買東西都會先挑便宜的買，建議您們還是快降價吧。」

我的看法卻有點不同。市場正在發生的是消費價值觀的變化，選擇便宜商品是人之常情，但在選擇之後，因為認同了商品，所以才會回購。消費者注意力的轉移，未必完全都是因為價錢，也有的是品牌認同。所以我認為「寵愛之名」不應該用降價的策略面對市場的變化。

我不想隨興調整的定價是因為：一來，生物纖維的成本比較高，尤其「寵愛之名」使用A級厚度。二來，「寵愛之名」最初的定價落點，是依循著成本而精算出來的，如果可隨興調升調降，豈非表示當初定價並不很實在？

既要對抗韓牌、又要對抗跟著降價的國產品牌，我當下很快就決定了推出副牌。「國際知名的精品多數都有副牌，這樣可以用不同的理念跟不同的消費者溝通，品牌核心價值與價位可以很統一，不會有同一品牌但是系列價位差異很大的矛盾。」我堅定地這麼想。

年輕肌膚的保養大有學問

能快速決定「寵愛之名」要推出副牌的策略，是因為這個意念在心中早已醞釀。因此當市場出現「韓流」危機，我反而覺得市場給的機會來了，因為這給了我更充分實踐願望的理由。

因為是要推出價位相對低、給女孩們使用的品牌，所以追隨主牌「For Beloved One 寵愛之名」的命名精髓，「For Beloved Girl 寵愛女孩」的品牌名稱，很自然就應運而生。

要為年輕女孩設計產品，就要真正貼近使用者的感受。

擔任美容編輯多年，認為有個現象值得愛美的女性注意：許多女孩出現肌膚過敏，都是從開始保養之後才出現，所以可以退一步回想：自己的肌膚尚未接觸保養化妝品的時候，是不是過敏的機率反而很低？接觸複雜的成份，反而容易使肌膚產生警訊？而這個警訊就是過敏的現象。

十幾歲的青春女孩，肌膚通常都很健康，豐潤澎彈，不需要抗老、除皺、鎮靜、修復……這些高難度的功效。年輕女孩需要的，往往只是基礎保濕、青春期的控油、簡單的防曬或是baby fat想排水、瘦臉。保養的目標相對單純。所以在設計「寵愛女孩」產品時，可以不必使用昂貴的生物纖維，改成選擇質地透明的「雲絲膜」。雲絲膜是以頂級棉絨為材料、織網技術編織而成，幾乎隱形，具高延展性，精華液的導入效果也很好，我幫少女們選擇這種膜布，以便把更多的成本投入在配方的升級。

如果配方也要單純又有保養的效果，我想到的最佳概念是「礦物」！微量元素是穩定肌膚質感的重要物質，因此「寵愛女孩」推出的第一個系列是「礦物系列」。「礦物系列」包含六種不同的元素，型態各別是：鉀（V）瘦臉、鈉（NA）保濕、銅（CU）光滑、鐵（FE）氣色、鈣（CA）煥膚、鋅（ZN）控油。接著很快又推出第二個維他命系列，維他命系列也是秉持同樣原理，分別是維他命A煥顏無瑕、維他命B修復、維他命C透明光感、維他命D舒緩保濕、維他命E緊緻初美。

「For Beloved Girl 寵愛女孩」上市之後，在國外受到比台灣更大的歡迎，尤其是東南亞一帶。雖然品牌設定的初衷，是為了應對韓牌，但是經過獨立思考而設計建立之後，「寵愛女孩」品牌風格鮮明，「帶妳玩保養！」的Slogan、「敷一片相當於噴1.88瓶礦泉水」的實證效果，讓「寵愛女孩」誕生後儼然是全新的產品，而不只是誰的附庸、更不是為對抗韓牌的打手而已，她是一個獨立思考創作後的作品。

事實顯示，「寵愛女孩」很受歡迎；唯一讓我們意外的是，「寵愛女孩」的訴求、包裝與價位，在新加坡、馬來西亞、菲律賓更受到注目，這些國家的代理商以及少女們都接受「寵愛女孩」，尤其是機場、飛機上免稅商店這類旅遊通路（Traveling Channels），受歡迎的程度使我們感到驚喜。

我很喜歡二〇一六年「寵愛女孩」在台灣辦的記者會，我們選擇內湖一家親子餐廳，因為這個餐廳裡面的親子遊戲區有旋轉木馬等設施，我們把餐廳包

1. 「寵愛女孩」很受東南亞消費者喜愛，每次辦活動都有很大回響。

2. 「寵愛女孩」在新加坡的上市記者會。

下來，用「寵愛女孩」的標準色桃紅、粉紅兩色，將親子餐廳的遊戲區搖身一變，變成了少女風十足的遊樂園，當天大家都穿著粉紅色的禮服、洋裝，坐上旋轉木馬拍照。

很多人都形容自己的產品就像是自己的baby，我的感覺卻從來不是這樣。「寵愛之名」與「寵愛女孩」都是我創立，但不是用製造小孩的角度去建立這兩個品牌，與其說是我的babies，不如說是分身，她們適度地傳遞了很多我想表達的性格。

我用自己的心性，去打造兩個品牌的不同性格，先登場的像是姊姊，這就是「寵愛之名」；姊姊不足以表達全部意念，然後就有了比較青春的妹妹登場，這就是「寵愛女孩」。

面膜女王
內心戲

消費者不斷比價，只會造成劣幣驅逐良幣。

破紀錄，登上世界頂級通路

S通路是世界上數一數二的美妝通路，其母公司的旗下，更是擁有多款全球最知名的精品。

S通路雖然是連鎖店，但賣的都是百貨公司化妝品專櫃中最高檔的產品：保養品、化妝品、香水、化妝道具、美容配件……不是最頂級的美妝商品，無法通過她的嚴選。

不論何時走入店內，都可以聽到舒適的環境音樂、空氣中充滿適合購物的香氛、訓練有素的銷售人員帶著專業的態度服務，一切展現的都是最時尚的氣息，挑動著女性的消費欲望。

我在創業之前擔任編輯，每到歐美必到主流時尚城市中的S通路門市朝聖。創立「寵愛之名」後，在構思營銷藍圖時，「進入S通路連鎖門市銷售」當然更是重要的夢想之一，總覺得從事保養品行業，若能通過嚴選而在S通路上架，是一大肯定。

頂級美妝通路的亞洲挑戰

二〇〇五年前後，大陸正是全球資金踴躍湧入的一級熱區，所有的商業體系紛紛進駐，走紅於西方世界的S通路也不例外，當年進入中國市場，是美妝界的重要大事，這表示東方的消費者，終於也可以不搭飛機到國外，就能體驗在S通路購物的幸福。

S通路在大中華區的發展十分積極，這時候「寵愛之名」的面膜在兩岸三地已經小有名氣。

當時「寵愛之名」負責大陸業務的主管是一個漂亮又衝勁十足的年輕女子，她年紀輕輕，志氣不小，很有膽識地拚命尋找跟S通路採購聯繫的機會。

「蓓姊、蓓姊，」有一天她很興奮跑來跟我說：「我連絡上了，她們竟然也在找我耶！」原來S通路對亞洲市場進行深入調查之後，發現亞洲女性，尤其是華人，都崇尚美白、又喜歡用面膜。亞洲女性的這兩個保養習性，跟西方女性喜歡棕色的健康膚色、又講求All In One的快速保養習慣，非常不一樣。所以很多歐美品牌，不論再怎麼有名氣上的優勢，在跟亞洲消費者的貼近度上，似乎還是有一點距離。

若要滿足「喜歡美白、又習慣用面膜」這兩個保養需求，很多調查都發現，本來就是為亞洲女性量身打造的「寵愛之名」，剛好符合東方市場的期望。「寵愛之名」的保養品，恰好正是所有通路推展亞洲市場上，拼圖缺少的那一塊！再加上當時的名人效益已經發酵散播，眾多女星、意見領袖、社會名人……紛紛表達喜歡使用「寵愛之名」的面膜。

頂級通路想取得「寵愛之名」的獨家授權

聽到業務主管帶來的這個消息，全公司很興奮，業務主管很積極地跟對方接觸，初期進度順利。然而，最後有個問題使雙方進入僵持，那就是對方希望獨家取得銷售「寵愛之名」的權利。

「因為銷售上的策略與方針，我們希望取得『寵愛之名』的獨家授權，也就是說，只能在我們這裡販賣。」採購對我們的業務主管說。

當時「寵愛之名」已在幾個大陸的通路銷售，這些通路不僅提供「寵愛之名」很優惠的進貨價，還配套給出顯眼的櫃位、免除上架費用、甚至幫我們在媒體上宣傳，增加知名度……，這些通路跟「寵愛之名」一樣，一起在新興的市場上探索，雖苦也樂，彼此很有革命感情。因此，當S通路提出獨家銷售的要求，我很躊躇，跟其他通路已談好的合作，就這樣中斷太說不過去，獨家銷售的條件，我們幾乎辦不到。

雙方就這樣卡住進退兩難，你來我往難有結論。有一天，對方採購終於耐不住而跟業務主管說：「妳我兩人暫停無止盡的拉鋸，我們來安排兩方的老闆見面吧！」

我也很期待盡快跟對方的CEO會面，以便一起找到最好的合作方法。我有很多的Idea可以讓「寵愛之名」為對方增加業績，也更想知道對方在華人市場的規劃。

最後竟變成「寵愛之名」的代理商

在一個冬天的下午，陽光燦爛。我當天穿了米白色毛衣、米白色燈芯絨長褲，腰間繫駝色皮帶，穿著駝色的長筒馬靴，然後再套上一件長及膝蓋以下的米白色軍裝外套。

年輕的時候，每每要進行重要的採訪，我都喜歡穿著略帶中性的服裝。因為我的身型瘦長，雖可說是女性身材中理想的比例，但若要雞蛋裡挑骨頭，會覺得線條太過單薄；男性化的剪裁，通常有寬闊的肩部設計，可以為我帶來體型上的補強。從個人喜好來說，我喜歡男性化的裝扮為自己增加陽剛氣，外型偏女性化的我，若有中性裝扮幫忙妝點，可以表達我內心堅定與強韌的一面，讓大家更認識完整的我。這樣的習慣，從擔任編輯時就是如此。

在前往對方總部的車上，我想起年輕時第一次到香榭大道的那天，穿搭的造型與顏色跟這天非常神似。看著車外往後飛逝的上海街景，我對自己說：「以前每次去都是買東西，但這次去的意義不一樣了。」

當天見面意外順利，對方憑藉著很資深而熟練的市場經驗，給了我很多有用的建

3

陸客最瘋 寵愛之名進駐天貓網站

2

1. 二〇一四年，我們終於解除與 S 通路的獨家通路合作，進駐天貓電商，開幕首日兩岸媒體均報導。
2. 解除獨家之隔年，在青島跟經銷商簽署千家實體線下店合約時，媒體專訪。
3. 西元二〇〇〇年，擔任編輯的我，穿著白色軍裝外套去巴黎香榭里舍大道朝聖。

議，也提供了我們彼此解套的方式。原本我的擔心完全沒有需要，在這個坦誠相見的下午，雙方的合作條件迅速地談好了。回程的路上，我們算一算前後討論的時間居然不到兩個月。

二〇〇九年，「寵愛之名」正式在S通路全面上架，並且獨家授權銷售，「寵愛之名」不僅是第一個上架的台灣品牌，到二〇二四年為止，仍然也是唯一個上架的台灣品牌。

當時兩岸三地的財經媒體，都對這件事進行了大篇幅的報導，「寵愛之名」的聲量又上升了一級。後來，「寵愛之名」因為在大陸的銷售業績非常亮眼，引起其他國家的注意，該通路的亞洲總部跟我們聯繫，提出成為「寵愛之名」在其他國家代理商的建議。

有夢最美，沒想到現實比起夢境更美。「寵愛之名」不只通過嚴選而上架，該通路最後還居然真的成為了「寵愛之名」的海外代理商之一。

他們這麼說

我姊姊喜歡贏的感覺

吳知宏／新加坡OCBC華僑銀行環球資金交易室總裁

姊姊對設定好的目標非常堅定，但並不是固執。

她是一個天生的領導者，她會對參與者開放空間、有雅量接受各種建議、也可以更換不同的方法，並不在過程中執著；但大家千萬不要因她的彈性而誤判了她的決心，所有因地、因時制宜的作為，完全是因為她要達到目標。

這樣的性格反映在她的商業交易上，使她經常成功。我感受到更明顯的一個優點，她能隨時改變戰術，中間要多拐幾個彎，甚至於多走幾條路，對她來說都不是問題，而且她很樂意這麼做，她喜歡用很挑戰的方式，打破別人眼中的不可能。

姊姊很喜歡贏的感覺。有時候我問她為什麼要把事情做到這麼堅持?!她會回答我：「這就像打手遊一樣呀，破關時的快感就是一切的動力。」

她做事情的「彈性」跟「堅持」兼具，互不違和，快樂地堅持著，這就是她性格中非常鮮明的一部分。

不必為屈服感到不安，屈服常常是跳躍前的短暫過程。

強化品牌，在台北101購物中心開設旗艦店

在零售業裡的生態，供應商跟通路通常是亦敵亦友的關係，既互相需求，又互相牽制，每天都像在玩奧妙的角力遊戲。

然而創業初期有一位B通路的高層主管讓我非常感激。

B通路可說是最早引進醫學美容保養品的美藥妝連鎖系統，高層主管們是極具通路營運經驗的業界大老，不僅對醫學美容的產品與消費者瞭若指掌，甚至可說影響台灣醫學美容保養品市場基礎甚鉅。

有一次籌備節慶促銷，雙方出現了磨擦，原因是我方的方案已提報底定，財務部已算好毛利，通路方又臨時要求我們參加一個全通路結帳折價的加碼，由於毛利已降到最低，實在不能再降，而無法達成共識，對方秉持對供應商的管理原則，對我們硬是不讓，我們則是因毛利的計算受到牴觸，也沒有辦法放手。

「蓓姊，怎麼辦？」我的同事在我要出國之前，焦慮地問我：「這次恐怕是破局了。」

「那就只好這樣吧，」我急著要出國，對方的提議太臨時，實在無法深入探討，我下了決定：「一個健康的品牌不能總靠重疊折價搶市場，不妨趁此試試看沒有重疊促銷，消費者會不會買單。」

即使如此，看似豁達的我，其實內心也很擔憂，帶著忐忑不安的心情，展開我的遊輪之旅，在甲板上，所有的遊客都歡天喜地地欣賞海上風光，只有我一人始終躺在躺椅中，眼睛眨都不眨地盯著天空，滿腦子轉呀轉地擔心著沒有達成共識的僵局。

在談判僵局中學習品牌策略

當時遊輪上難有網路，我跟台灣的同事將近失聯了十天，回到台灣，同事們緊急通知，B通路的高層主管約我單獨見面開會。B通路的採購團隊很強勢也很會分工合作，有採購團隊管理我們這些供應商，談判時根本不用高層出馬。

「大概是要談解約了吧。」我在心中悲觀地這麼想，硬著頭皮出席會面。

「Margaret，」想不到，資深的高層前輩一開口就帶著善意：「妳遇到什麼問題？」他很有技巧地用問句當開場白，使溝通可以從我的闡述開始。

聽我娓娓道來我的難處，高層主管跳脫現下的議題，話鋒一轉，他說：「Margaret，這是妳第一次創立品牌？對不對？」

「對。」我說。

「妳知道創立品牌有很多細節需要顧慮嗎？」他問。

「我知道。」雖這麼回答，但心中茫然，我知道很多細節需要顧慮，但我不明白他指的是哪一點？有哪一點做錯了嗎？

「今天的事情我聽到了，我可以解決。但是我得告訴妳，創建品牌的路很難走，妳現在才剛開始，妳有太多事情沒有顧慮到了，」他說：「妳應該涉獵更多品牌經營的學問，用理論強化妳在經驗上的不足，一旦妳強化這一點，我相信妳會經營得更好。」

當天之後，我們被通知可以不用加入B通路全場折價的活動，可照原計畫促銷。這一場衝突可以說是順利過關。

從此之後，我經常收到這位主管提供給我有關品牌經營的文章建議、電影光碟，這一段受教的過程，使我獲益良多，銘記在心。

也正是因此，在吸收到很多創建品牌的知識之後，我有了其他的想法，包括進駐台北101購物中心。

進駐台北101購物中心，成為第一個全通路的醫美品牌

就像大家去法國一定買路易威登（Louis Vuitton），來台旅客有很多會買「寵愛之名」，女性買給自己與閨蜜，男性買給老婆或女友，為了方便，很多旅客在尚未抵台之前，就打電話到總公司訂購，也有旅行社幫團員下訂單，一訂就訂好幾箱，旅客抵台之後會前來總公司取貨。

海外的旅客這麼捧場，我們當然很高興，但是每每上班時間有很多人到公司取貨，不免造成同棟大樓其他公司的困擾。

於是，我心裡想：「台北101購物中心是全球來台觀光客必到的場所，離總公司又近，我何不在台北101設立旗艦店呢?!」我又想：「在101設立了旗艦店，那麼推展形象專櫃進到全國的百貨公司之中，就合理了。」

這念頭看來單純，實踐起來卻困難重重。

「『寵愛之名』在全國美妝連鎖的銷售據點將近二千家，密度這麼高，怎麼可能去百貨公司、設櫃？」

「在連鎖店銷售，就已被定位了，不可能再進到百貨公司，妳省省吧！」

「百貨公司、購物中心的抽成很高、競爭很激烈，不要自找麻煩了。」

大家都說難度非常高，勸我打退堂鼓，可是憑著對於市場的敏銳感，已知道101的主要客群之一是亞

▲ 台北101購物中心旗艦店開幕。

洲中高層次的旅客，而「寵愛之名」當時的主要消費力也是同一群消費者。後來再向台北101提案的時候，我們特別強調這點，果然在具體數據的佐證之下說服了台北101。

進駐台北101購物中心使里程碑又新增一項紀錄，「寵愛之名」也是第一個從連鎖通路跨界百貨公司／購物中心的品牌。

一般保養品專櫃可能一坪到五坪，「寵愛之名」在台北101的旗艦店有三十坪，簡直不是專櫃，已經是專區了。進軍台北101非常不容易，所以我對於區域規劃特別用心，我將其分割分為：保養品陳列區、媒體受訪區、會員活動區、臉部按摩專區、員工休息區以及倉庫。

其中臉部按摩專區是個很大型的私密空間，像高級Spa館，享受療程的會員要更換浴袍，接著有專人進行卸妝、洗臉、精華液導入、乳霜按摩、敷生物纖維面膜……等等一連串服務。當時還特地進口一台鑲有數千顆LED燈泡的光療面罩，專門用於敷完生物纖維面膜之後的光療使用。

敷臉過程中，會進行頭、頸、肩以及手部的深層按摩，客人最容易在此時徹底放鬆，沉沉睡著。

1. 一般專櫃通常為 1-5 坪，我們在 101 的旗艦店共約 30 坪。
2. 旗艦店中 VIP 按摩室內一次可以容納兩位貴賓。
3. 旗艦店中有隱密的諮詢房間，可維護會員的隱私，以便其放心諮詢或卸妝。

會員活動區每周六有會請專家前來演講，主題除保養外，還包括：美姿、美儀、服裝搭配、色彩哲學、星座解析、女性理財……等等女性有興趣的議題，也常請皮膚科醫生進行免費的肌膚診查。

只可惜後來台北101整體營運有其他的規劃，這一大區被設計為現今的Apple專賣店，所有保養化妝品牌都被通知要撤離，我們用心規劃的旗艦店，儘管績效良好、深受消費者喜愛，也只能忍痛配合。

忙碌的腳步若不稍作停留，
不會發現彌足珍貴的資源就在身邊。

「寵愛之名曙光協會」與夜市兒童樂園

公司創立不久之後就開始有盈餘。最初，我會將自己領到的紅利，撥出一份捐給陽光基金會，因為「寵愛之名」銷售的是護膚類產品，但有些人的肌膚需要其他的幫助，而「陽光基金會」長期關心皮膚燒燙傷患者。

後來忘了從哪裡得知的消息，聽說育幼院的小朋友很難得有機會吃到速食漢堡，甚至有些小朋友從來沒吃過速食漢堡。有一年的兒童節，我忽然靈機一動：其實我可以預定速食漢堡外送，讓育幼院的小朋友得以在兒童節吃到速食漢堡，於是，我訂了幾百份的漢堡套餐，分送給兩家育幼院，漢堡套餐不愧是小朋友的最愛，小朋友拿到漢堡、雞塊、薯條、可樂之後超高興，連育幼院老師也歡喜連連，打電話轉述小朋友從前一天晚上就期待得睡不著。

人類的喜好分有很多種，有些人喜歡小動物、有些人重視環保……，我則是非常喜歡小孩子，每每看到友人家的嬰幼童，都會忍不住上前去逗弄他們。所以當我的日子開始比較寬裕之後，我第一個想到的就是照顧偏鄉或育幼院小朋友。

用可麗餅散播愛與勇氣

我四周圍默默行善的人一直很多，其中C君跟P君常年自掏腰包聘僱可麗餅車，全國走透透的到各地偏鄉院所，做香噴噴的可麗餅給小朋友吃，利用可麗餅製作過程的時間，跟小朋友談話或演講鼓舞，讓活動寓教於樂。這時候，氣氛會變得很溫馨，育幼院的小朋友偶有潸然淚下，大多數興高采烈，然而不論如何，活動都會帶著滿滿的朝氣，朝向人生光明面邁進。當小朋友充滿了愛與勇氣的時候，他們就會將剛做好熱騰騰的可麗餅發下，這時大家都樂不可支，每次的活動都帶來這般美好的情境。

C君跟P君的善行，感染了我，我不只捐助可麗餅全國巡迴的活動經費，也跟著他們上山下海。經過一段時間以後，我覺得與其這樣零零散散的做活動，還不如成立一個協會，發揮我的組織力，建立一個有邏輯的脈絡，方向明確的前進，如果因此產生累積性，說不定還會有拋磚引玉的功效。

為育幼院兒童包下夜市

二〇一三年，「台灣寵愛之名曙光協會」正式誕生，我終於有一個公益協會，可以來做喜歡的慈善事業。

之前聽說小朋友沒吃過速食漢堡，我外送給他們，他們非常高興，「接下來，還有什麼他們沒體驗過的小小夢想，我來努力試試看！」我繼續這麼想。

照顧小朋友帶來的歡喜感，激勵我將事業上的積極度也蔓延至此。有一天，我聽到朋友說，育幼院有很多小朋友連夜市都沒去過。

「那麼我們來規劃帶幾所育幼院的小朋友去夜市，讓他們可以開心吃喝玩樂。」我說。

「但夜市人多雜亂，育幼院老師人手不足，萬一走丟了或受傷了，反而不美。」朋友說。我想也是，不要說是沒去過夜市的小朋友，就算有去過夜市的小童，在夜市裡那麼混亂的地形中，也很容易走丟。

「如果跟聘僱可麗餅車一樣，聘僱夜市的攤販到育幼院裡做食物給小朋友吃呢？」我自問。

「那也太沒有趣味了，完全失去逛夜市的意義！」我很快地自答：「而且夜市還有很多好玩的遊戲，等著小朋友，若帶他們去玩這些遊戲，他們一定樂翻天！」我想了想，覺得聘僱夜市攤販到育幼院的法子不行。怎麼辦呢？

「那我就把整個夜市都包下來吧！」我吃了秤砣鐵了心，要讓小朋友開心，就一定要做到。

「把夜市包下來？你是不是瘋了？沒有人這樣做過！」朋友們聽了我的想法都驚呼。

「沒人做過，不見得做不到。」我說。

我有很精良的員工，她們很擅長於溝通協調，其中有一個行銷主管很適合去進行這不可能的任務。

心意已定之後，我立刻跟這位行銷主管討論行動方案，她躍躍欲試。因為當時「寵愛之名曙光協會」已經有很多慈善活動被媒體知悉肯定，聽到我「包下夜市」的願望之後，有一個很有義氣的媒體好友，兩肋插刀，陪著行銷主管一起尋找適當的院所與夜市。

中部雲林的機構有許多孩子都沒機會去夜市，加上當時雲林一區，商業與工業發展相形稍緩，是資源較為不足的地區，於是我想我們可以從中區開始，當時相中台中水湳夜市。

有了目標之後，接下來就是小朋友零用錢的問題。小朋友去夜市，但沒有零用錢，去了也沒意思，說不定更難過。但是發錢給小朋友，似乎又沒有那麼恰當。我靈機一動，想到商業活動中常見的 Coupon（代金券），「我們可以印製 Coupon 給小朋友，一來整體總數方便管理，二來讓攤販最後用 Coupon 跟我們結帳，帳目也比較清楚。」

想到這個好方法之後，我們立即趕工印製 Coupon，票面價值有十元跟五元，一個人發二百五十元價值的 Coupon。我們邀請了三所中區的育幼院，包含老師共一百多人，包了三輛遊覽車，預定在傍晚時分去院所將這些小朋友接到水湳夜市。

攤販的愛心讓我感動

活動當天一早，我簡直等不及，七早八早趕往水湳夜市，跟夜市管理打招呼，也陪著攤販一起備料，準備開張迎接小朋友。暮色稍暗之後，夜市的外圍開始被圍了起來，許多想要進來的民眾無法進來，但一聽到是要做慈善活動，讓育幼院小朋友來逛夜市，民眾們都很有愛心的理解，完全沒有抱怨。

即使如此，活動前我還是很掛心，惦念不知小朋友喜不喜歡這樣的活動。

「一定很喜歡的啦！」對育幼院生態很了解了C君跟P君說：「平常連吃可麗餅都欣喜若狂了，現在妳帶他們到夜市現場，除了小吃還有那麼多的遊戲，他們一定會樂瘋了。妳不要擔心啦。」

我的擔心果然是多餘的，小朋友一到夜市開心不已，從來沒有拿過零用錢的他們，拿到Coupon珍惜得很，每每遇到想吃的攤販，總是斟酌再三才撕下一張券。

「小朋友，你們不用給我券啦！」有幾個攤販看到「寵愛之名曙光協會」包下整個夜市做公益活動，十分感動，也一起投入公益，主動發起免費贈送：「來來來，你們想吃什麼？叔叔免費招待你們。」聽到攤販們這樣講，我真是感動得內心波濤洶湧。

小朋友們除了小吃，遇到遊戲更是放開懷玩，射飛鏢、砸水球、釣金魚、投乒乓球……玩得滿頭大汗。

那個晚上，水湳夜市變成了育幼院的兒童樂園。

每年贊助偏鄉幼童二百萬元

由於這一次包夜市的活動成功，對帶小朋友出遊更有經驗，除了二〇一三年的包場台中水湳夜市的體驗，二〇一四年又帶偏鄉小孩到台北的恐龍博物館住一晚，除了讓他們看看台北的景點，晚上也在恐龍博物館過夜，體驗難得的外宿

▲ 每每到各個小學，很多小女孩都喜歡圍著我問東問西。

經驗。這段期間，曙光協會還持續辦了七百多場可麗餅公益活動。

除此之外，為了杜絕貧窮的世襲，也感受「教育」才是脫離貧窮最基本的開始，為了讓偏鄉小朋友有完整一點的求學資源，我們又展開每年贊助二百位偏鄉小朋友、學雜費各一萬元的公益活動，贊助的學校至少二百三十八所，實際贊助的對象已經超過一千多位小朋友。

二〇一五年，「寵愛之名曙光協會『相信愛』慈善演唱會」正式上場，引起更多人對公益慈善的關注。

他們這麼說

Margaret是百變仙女

賴祥蔚／國立臺灣藝術大學廣播電視學系教授

Margaret就是百變仙女。

第一次認識Margaret，是因為出席了「寵愛之名曙光協會」要幫助偏鄉弱勢孩童募款的演唱會。

當天看到Margaret穿著一襲純白的禮服出現，她的姿態翩翩，就像是一位公主。Margaret牽著一男一女兩位孩童的小手，開心進場時，又像是一位善良的仙女。

後來才知道，Margaret不只是創業有成的女強人，在她公主與仙女的外表下，更有滿滿的純真與善良，難怪她樂於助人、喜歡照顧小孩，因為她的內心始終都是天真無邪的小女孩。正因為Margaret自己就是有赤子之心的百變仙女，才能包下夜市變成育幼院孩子們的兒童樂園。

面膜女王
內心戲

只要心有所願，任何人都能散發愛的曙光。

「蓓蓓媽咪」舉辦慈善演唱會，不扣除成本全部捐出

「蓓蓓媽咪!!」

二〇一九年，我再次帶著「寵愛之名曙光協會」抵達北京，來到前兩年曾到訪的一間孤兒院小學。車子才一停下，就有小朋友衝過來，他們還記得我。其中有一個眼熟的四、五歲的小男孩，再次抱住我的腿。

我驚喜地叫他！

「我已經換名字了，」他字正腔圓地說。

二〇一七年我初次來到這間孤兒院小學，到訪的前一晚，小男孩才剛剛被遺留在小學的大門外，被校務人員帶領進來，來自別省的他那時兩歲，掛著兩條鼻涕，帶著濃濃的鄉音。

「你叫什麼名字？」我問。

「汪兒汪兒咕嚕咕嚕。」他說。

「你說什麼？」口音太重了，我一下子聽不出來，看著他稚嫩無辜的臉，感到好笑。剛入校沒制服的他穿著簡陋，但完全不怕生，看到我很順勢地黏在我旁邊，只要我一蹲下，他馬上就自動坐上我的大腿。當時我覺得他的舉動很有趣，所以特別記得他。想不到兩年後再訪，他不但已長大，而且眉清目秀，口齒清晰，還改了新名字。

「蓓蓓媽咪」成了「面膜女王」的另一個稱號

活動辦多了，育幼院小朋友都叫我「蓓蓓媽咪」，這成了「面膜女王」的另一個稱號。「寵愛之名曙光協會」成立後，足跡很快地從台灣跨到對岸以及日本，二〇一七年，我第一次帶著可麗餅車走訪這間小學，沒有父母的他們很小就被迫要獨立，所幸，機構的教育體制很有建設性，完全不從悲憫或收容的角度出發！

「我們每年都會發固定的『小紅花』給小朋友，如果成績好、遵守規律，可得到額外的『小紅花』，反之，『小紅花』也會被扣除。」小學的教務主任邊帶著我逛校區與宿舍，邊說明制度。

「憑著『小紅花』可兌換點心、玩具或多的日用品，」主任說，我點著頭。

主任繼續說：「每日的三餐也都會從『小紅花』扣點。」

「什麼?!」聽到這裡，我大吃一驚，停下腳步：「那麼，『小紅花』被扣完了，不就沒有三餐可吃了？」我問。

「是的。」主任看到我那麼驚訝，呵呵笑了起來：「他們必須從小認知得為自己的生存努力，因為他們沒有後盾。」

聽到這裡，不禁鼻酸，小朋友們卻很堅強，高年級的孩子安慰我：「蓓蓓媽咪不要擔心，弟弟妹妹不聽話，『小紅花』被扣完了，我們的會給他。」我聽了更感動。

用這樣的風格，教育這群命運跟一般家庭不一樣的兒童，原則甚至比很多父母更為理性，使我對這個教育機構印象深刻。

對岸一、二、三線的城市縱然非常發達宏偉，然而很多位居四、五線城市的偏鄉，相對就比較缺乏物資。我發現有幾個偏鄉學校的伙食長期只有蔬菜、較少有肉類，很擔心小孩子在成長的過程缺乏蛋白質，因此固定捐贈每人每日一顆雞蛋；到了冬季，有些地方竟然沒有供暖，我也趕緊請同事上淘寶添購圍巾以及羽絨外套。像這樣的贊助其實金額並不大，但正好用在需要的地方，因此校長和老師覺得很高興。

除了對岸與日本，我也關心一些發展中的國家如：越南、柬埔寨……等等，這些我尚無法親臨的國度，只能用捐錢捐物資的方式表達心意。

▲只要一點點力量，就可以讓愛傳播。

自掏腰包辦演唱會，募得款項不扣除成本，全數捐出

協會設立不久之後，我開始籌辦「『相信愛，無所不在』寵愛之名曙光協會慈善演唱會」。辦演唱會有很多目的，一是我喜歡演唱會的歡樂與臨場感，這可讓贊助的氣氛不要那麼悲情；其次，根據調查「寵愛之名」消費者喜歡音樂的佔比很多，演唱會可以回饋消費者；三是希望可發揮拋磚引玉的效果。

很多慈善單位募款會扣除成本，但扣除成本後可捐出的餘款就不多了。「寵愛之名曙光協會」均自行吸收成本，把募集到的善款全數捐出。

「蓓姐，如果不扣除成本，鐵定就是虧本呀！」同事們又對我提出提醒。

「別擔心，成本部分，我跟股東會全力贊助。」我說：「你們只要盡力將演唱會辦好就行。」

當時算了算，若外包給專業的傳播公司籌辦，辦一場大約要二、三百萬，我想了想，若要花那麼多錢，不如直接捐出。為了把成本降到最低，讓效益最大化，最後我下指令：「我們自己辦吧！」

演唱會要張羅的細節包羅萬象，光是場地籌借、日期安排、藝人邀約、燈光音響、節目設計、售票方式、募款專戶……，就很複雜，另外還包括：新聞稿發、廣告宣傳、現場動線、彩排受訪……。第一屆演唱會從台北火車站六樓的演藝廳展開，第二屆之後，很快進展到國父紀念館、TICC台北國際會議中心。現在想起過程，真是覺得當時的負責主管以及同事分外了不起。

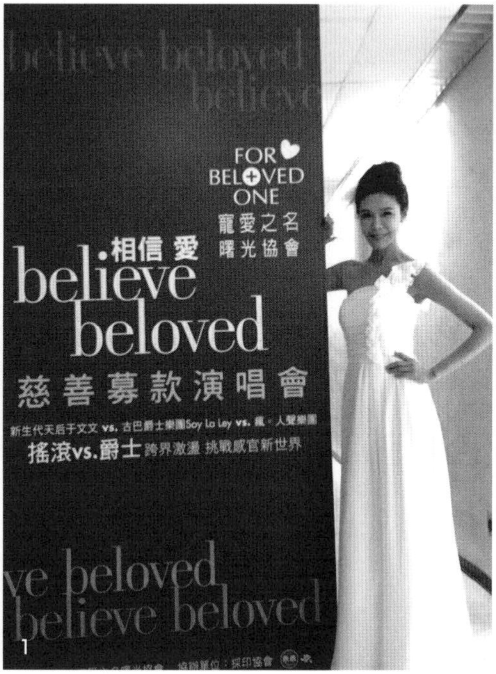

1. 二〇一五年，寵愛之名曙光協會第一次辦演唱會。

2. 在台北火車站六樓演藝廳辦演唱會，進場的人潮排隊排到一樓街邊。

3. 協會持續辦了多屆慈善演唱會，非常感恩所有參與的工作人員和表演者。

常懷付出的心，最後往往得到更多。

當然我更感謝參與過的所有藝人，其中有很多人因慈善而主動調降價碼，義行令人感動。當時參加過的藝人有：盧廣仲、周興哲、戴愛玲、艾怡良、王若琳、于文文、黃鴻升、小男孩樂團、徐崇育低音提琴演奏作曲家……等等。

疫情中的寵愛與曙光，Be Here For You 蓓你聊聊

二〇二〇年疫情爆發，全世界倏地進入靜止狀態，許多活動都臨時叫停，「寵愛之名」當然也不例外。

原本行銷部計畫於二〇一九年十二月開始，展開為期十三個月、在世界主流城市的巡迴PopUp活動：從台北出發、第二棒北京，接下來是上海、香港、雅加達、新加坡、吉隆坡……等等城市陸續接棒，我們以異業結合的方式，結合當地時尚咖啡館，各進行一整個月的「寵愛之名」咖啡館活動。

我們會將咖啡館裝潢成具有「寵愛之名」的風格，在各地跟愛用者見面。計畫中於二〇二〇年十二月回到最後一站台北市。然後立即舉辦全球的「品牌溯源」活動，集合世界各地的代理經銷商、媒體、網紅……來到台北，舉辦慶祝記者會，並邀請他們欣賞第六屆「寵愛之名曙光協會」慈善演唱會。

然而，誰都想不到，疫情一發不可收拾，全世界按下了暫停的鈕，一停就停到了二〇二三年。

這段疫情期間，大家回到家裡工作，可麗餅餐車也不能繼續到偏鄉造訪。「可麗餅活動停止了，」我想：「還是得想想有什麼方式可以取代，要不然，曙光協會回饋社會的舉動也跟著停止了。」

疫情期間，大家待在家裡不能出門，對世界探索的唯一的窗口就只能依賴網路，我也在這段期間看了很多平常沒時間看的影片。忽然有一個念頭油然而生：我也應該順應趨勢，做一些影音類的內容，而不要依賴實體的活動。

「寵愛之名曙光協會」的轉型

當念頭一燃起，機會就跟著來臨。

年輕的時候，夢想很大，加上本來就是就讀傳播學系，所以畢業不久，除了在雜誌社擔任編輯總監以外，還一度跟著文化大學的學妹一起製作廣播節目，我並身兼主持人，當時在「台中全國廣播電台」開了一個叫做「與美麗聊聊天」的廣播節目，我也因此對製作影音類作品略有概念。

疫情初期的某一天，我忽然接到一通電話。

「學姊！」居然是這位學妹：「好久不見。」聽到她的聲音，我非常驚喜。

我們聊了一陣子，她忽然問我：「妳知道什麼是Podcast嗎？」

「不知道耶。」我坦白地說。

「那出來聊聊吧。」她說。

冒著感染的風險，我們相約在台北市信義路五段吳寶春麵包店的輕食區見面，當時正是沒有人出門的危險時刻，我還記得那天偌大的門市，只有我跟學妹兩個人。

經由她的說明，我才知道，Podcast是一種類似廣播又像有聲書的新興自媒體，只有聲音沒有畫面，原本僅有小眾市場，但疫情的興起促使Podcast更盛行。

而當時正好有個新興的Podcast平台在台灣誕生，學妹擔任其中一個製作人，她想起了我，於是打電話給我，想再度邀請我跟她共同製作美容性Podcast節目。我聽到這個機會，又想起自己想做影音類節目的念頭，覺得時機妙不可言。

「當然好呀！」我想都不想，立刻點頭答應。

「那妳必須重新練習，」學妹說：「因為現在的節目氛圍跟以前不同，Podcast的受眾也跟聽廣播的受眾不同。妳要重新練習主持跟說話的技巧。」

就這樣，學妹帶我走進Podcast領域。當我開始接觸這些熟悉又陌生的事情，馬上非常投入，而這些過程，竟是後來自創Podcast節目「Margaret's Power瑪格麗特麗亮大」的前身，更是「曙光協會」推出「Be Here For You蓓你聊聊」的前奏曲。

1. 辦公室裡，我的小小錄音間。
2. 在這裡重拾愉快的採訪時光。
3. 「蓓你聊聊」的插畫封面。

重拾過往傳播人身分

當我漸漸熟練Podcast的製作之後，為了錄製方便，不要東奔西跑，我在公司內設立了一個小型的攝影棚兼錄音室，專門供我使用。這個空間雖然小小的，但燈光、背景、收音……等等設備均有。

攝影棚、錄音室成立之後，我繼續拾起「寵愛之名曙光協會」轉型的任務。

我想到「寵愛之名」的會員與粉絲，大多是職場女性，我認為在都會裡的工作與生活，一定充滿苦樂，女性對身心靈的關注，就相對重要。我開始構思約訪諮商心理師，於是「Be Here For You 蓓你聊聊」這個有關身心靈諮商的談話性Podcast於焉誕生，藉由節目分享彼此關懷的心。

「等到疫情過後，還可進一步舉辦女性身心靈的講座、成立社群媒體的社團，讓『寵愛之名』的愛用者多一個有歸屬感、可以依靠的園地。」我在腦海中規劃。

在「Be Here For You 蓓你聊聊」的結尾，我設計了一個口白：「人生多美好，幸福要自己找」，這也是我多年來的生活心得。

在每一集的節目中邀請不同的諮商心理師談不同的情緒問題，中間也穿插一些對生活很有研究的來賓，所以內容除了心理專業知識及生活分享，還包括如何轉念、占卜到底準不準……等等。很久之前台北101購物中心會員區所舉辦的節目，被我挪移到錄音室進行，可以傳播的範圍又更大了。

寵愛要自己找。寵愛自己，當然要深入心裡。

心是靈魂的家，不能不謹慎呵護。

寵愛弱勢——捐救護車給偏鄉

「Be Here For You 蓓你聊聊」推出之後，好朋友跟我說喜歡聽、很期待每週新集數的上架，我觀察著「Margaret's Power 瑪格莉特麗亮大」、「Be Here For You 蓓你聊聊」兩個Podcast的閱聽流量，一點點漸漸地攀爬，很有成就感。製作Podcast，要經過主題設定、訪綱製作、來賓邀請、專訪發問，做出結論、後製剪接、上架……，這些過程，不就跟編輯工作的內容很像嗎?!

「歷經了這麼多，我還是很喜歡大眾傳播。」我分析我自己。某種程度我在滿足我那暫停已久的編輯魂。

捐救護車？這真是太酷的建議！

雖然Podcast上了軌道，但或許是因為疫情期間，還不太能夠開始組織女性社團，我總覺得有點空洞。

「因為妳是隔空跟聽眾們對話，就算充滿能量，對消費者沒有具體的幫助。」好朋友J君陪了我錄了幾次節目，他知道我想做的事情，所以看出我的空虛。於是他給了我一個很實用的建議：「如果妳想延續照顧弱勢的初衷，將『取之社會、用之社會』的理念繼續發揮，在現在這個嚴峻的時刻，」J君說：「妳應該捐救護車！」

捐救護車？這真是太酷的建議！

疫情期間，常看電視報導中病急的患者，在救護車的載送下急奔醫院，令我為之擔憂。就算是疫情前，每每看到救護車嗚聲而過，我都忍不住心生憂慮，想像患者多痛苦而他的家人又是多焦急，我心總忍不住向天主祈禱：「祈求萬能的天主，保佑他們安然無恙。」因此當同為天主教徒的J君這麼一說，我隔天立刻就找「寵愛之名曙光協會」的常務理事，討論具體行動。然而，有關於救護車的捐贈，並非想像中簡單。

首先原來台灣要捐救護車的人很多，簡直要排隊了。對不少人來講，捐救護車一來可以抵稅，二來可以將自己想要放的名字印在車體上，有廣告的效益。當然，最主要還是因為台灣的好心人真的很多。但這些捐贈都集中在都會城市，若要捐救護車給都會城市，還真要排很長的隊呢！原本我想捐贈給我的家鄉台南市，但是一問才知道，當時的台南市已經很不缺了。

「那麼可以捐到哪裡呢？」我問。

回到「寵愛之名曙光協會」資助偏鄉的初始理想，我們找了好一陣子，才發現新北市的金山區，年輕人外移嚴重、人口老化的問題很明顯，因此社會贊助資源相對缺乏，老年人照顧的需求量卻尚未補齊。

「那麼我們就贊助金山區吧！」我說。

救護車有等級之分

如果沒有關心救護車的訂購，真不知道箇中的奧妙。

原來救護車分為「一般救護車」跟「高頂救護車」，一般救護車的車頂是標準高度，只能用於基本的載送，但若要緊急救護，就需要可讓醫療人員站立施救的高度才行。很多人捐贈救護車時，會用收購二手廂型車、改裝為救護車的方式捐贈，但購買現成的二手車，就不會是高頂，而是不能站立施救的高度。

「理事長，請問您想要訂購的車種是哪一種？」提供服務的廠商，進行了詳細解說之後問我。根據他的報價，高頂救護車比起一般救護車貴上數倍。

「當然是要高頂救護車。」我說。

「但高頂的救護車必須是全新，而且要在國外量身訂做，價錢相對昂貴很多。」廠商深入說明：「下訂之後，德國車廠才會開始製造，製造到半成品時，先進口台灣，進口之後再進行第二次的加工組合，安裝置入各式急救器材，才會成為『高頂救護車』。」

有些人捐救護車，只捐一個車體，足以表達心意又可宣傳，車內的配備以及急救耗材，較少在捐贈範圍之內。不過，配備與耗材更是急救的關鍵，也是一筆開銷。想了想，我決定將一切統包。跟廠商下訂單的時候，我說：「請加裝所有的急救設施，並包含第一批耗材，請您都協助我採購吧！」

經過許多程序，也跟金山消防局的弟兄開會，一年多後，我捐贈的救護車終於組裝完成，可以開始服役了。將高頂救護車捐贈給金山區的那天，我來到金山消防局，當天天氣晴朗，萬里無雲，金山區的民意代表、消防局長、消防弟兄們……通通都來了，他們還架設一個講台，邀我上台講話、合照。當下我很意外、害羞，我認為跟消防局出生入死的弟兄們比起來，我實在不算貢獻了什麼。

1. 捐出高頂救護車的當天，陽光普照。
2. 臨時要我上台講幾句話，其實很害羞。
3. 覺得自己做了一件對的事。

到現在還清楚記得，來到被青山藍海圍繞著的金山那天，當地一位年邁的長者，也來到消防局的門口，特地跑來跟我說：「妳捐贈這個，每天救人，每出去一次就救一個人，妳的福報會不斷不斷被累積，妳會變成一個很有福報的人。」聽到這些話，心中充滿了悸動，不是因為被說會有很多福報，而是欣喜我捐對了地方。

消防弟兄們英勇救人、地方長輩的真誠祝福，以及我有幸能捐贈救護車到金山的小小付出，不就是世人可以寵愛彼此的真實寫照嗎？

透過這些回饋，讓我更能感受生命的價值，我經常感到，付出的時候，得到了更多。那一天的風和日麗，陽光普照，是我永難忘懷的回憶。

生命像一趟旅程也像一本書，我們是行者也是作者。

瑞士阿爾卑斯山的奇幻之旅

「下雪了?!」二〇二四年四月十六日，我抵達蘇黎世（Zurich），不禁驚呼。

雖然意外，我還是很悠閒地深吸一下口氣，為了這趟旅途不要有罣礙，我特別趕在登機之前完成本書的初稿。

經歷過二〇二〇到二〇二三年的全球 COVID-19 疫情的衝擊與封鎖，當情勢趨緩，全球漸漸恢復常態之後，熱愛旅行的我，也重啟原本的生活模式，再度周遊於世界各地。

COVID-19 的驟臨，讓很多行業不得不改變生態。雖然不能說感謝 COVID-19 的發生，但「寵愛之名」的確因世界的暫停，終於得到一個空檔進行早該執行的通路深度轉型。「寵愛之名」原先的消費者多是帶有購物心情的旅客或具備經濟基礎的都會女性，疫情之前習慣透過實體通路大量購買，疫情期間，所有的消費行為轉往電商。這給了我們一個壓力與機會，盡快把經營的重心轉移到網路。

自從大學開始就不停工作的我，也藉此得到一個喘息的時機。

計畫趕不上變化

到瑞士阿爾卑斯山區小住，是很久前就設定的計畫，安排於今年的四月下旬，原先是想可以避開冷冬，欣賞瑞士春天的湖光山色，想不到在抵達蘇黎世的第二天，起床看到窗外，就發現下雪。

在蘇黎世逗留幾天、開始前往聖莫立茲（St. Moritz）小鎮的時候，雪下得更大了。

「好冷，我要再去多買一件羽絨衣。」我跟兒子說。

於是我們按照Google Map的建議，跑到離旅館最近的登山裝備專賣店。

「女士，很抱歉，現在已經換季，我們只有春裝。」年輕的店員問清楚我的目的後，帶著歉意跟我說。

「春裝?!」我看到室外的積雪與雪花，滿心無語。

「是的。」店員給了我一個無奈的聳肩：「我們也以為春天到了，沒想到忽然下大雪，這很少見。」

在沒有辦法的情況之下，我只好把能穿的衣服盡量重疊穿上，期待隨著旅程的進行，很快可以遇到下一家登山裝備專賣店。

原以為把衣服全部穿上會很滑稽，沒想到並未如此，也許衣服都已經有我的風格，所以亂穿起來也有一番風味。我用帶去僅有的幾套衣服互相混搭，撐過了好幾天，回過頭看看照片，竟也被我重組出了幾組不同的穿搭。

「現在氣溫負十度C了。」一路來到了策馬特（Zermatt）小鎮，兒子跟我說：「媽咪，妳要不要看到什麼衣服就買什麼，不要挑剔了?」

「我好像漸漸習慣了。」我說：「好像不需要買了。」

一切都剛剛好

經由策馬特小鎮搭乘纜車，登上海拔快要接近四千公尺的葛納葛特（Gornergrat）觀景台，去觀望馬特洪峰（Matterhorn），觀景台上寒風冷冽，但雪景磅礡，十分震撼。過二天，我們一行人坐冰川列車（Glacier-Express）經過蜿蜒的山間，抵達日內瓦（Geneva），沿途又是一番驚心動魄的美麗雪景。

火車抵達日內瓦的時候是傍晚五點，我們進旅館Check In之後，馬上出來到市中心蹓躂。日內瓦的

▲ 聖莫立茲冰冷平靜的湖面。

日光晚落，天空直到晚上八點都還是很晴朗，我們走到日內瓦湖，看到粼光閃閃的湖面連接著蔚藍的天空，徐徐的春風吹來非常舒適，氣溫已經回升到零度以上。

在我們要離開瑞士的尾聲，天氣恢復正常了，我穿著很輕便，在綠意盎然的日內瓦恣意地享受陽光與微風美好的氣息。

「妳有沒有發現天氣變好了?!」兒子問我。

「是的，一切太完美了！」我說。

旅行就如人生

我把那些陪我走過冰冷時光的層層冬衣，先行寄送回台，自己則輕裝便捷繼續前往下一個目的地：德國的法蘭克福。飛機上我穿著很輕巧的短袖T恤，享受預期中的航行。

下了飛機，看到手機裡總編輯的留言，提及要開始針對本書的每個篇章，進行照片挑選與版面編排。

為了挑選照片，我重新打開筆電。經過一趟旅行的沉澱，重新審視自己的每一篇文

1. 冰川列車可讓周圍美景盡入眼簾。

2. 冰川列車在蜿蜒的山間穿梭。

3. 日內瓦的春天，湖光山色美極了。

章，驀然發現，竟都像這次的旅程一般，在計畫中出發、在過程中遇到轉折、轉折把我帶入意想不到的境地，而最後我終究會在自己的奮鬥與調適之下，得到最適合我的結果。

「奮鬥」與「調適」像是太極中的陰陽，交織在一起可以協助我們走得更遠。一味地奮鬥不順應情勢，面對挑戰會顯得沒有彈性，一味地調適不奮鬥努力，則喪失品嘗人生意義的機會。縱使過程中有些是嚴酷的雪地，然而如果抱持樂觀的態度，視線裡的雪地就會是美景。

很快地，我拿到行李了。從法蘭克福機場的第一航廈走出來，接機的車輛熙熙攘攘。五年沒有來了，一切還是那麼的熟悉。

我帶著期待的好心情繼續前往下一個旅程。

永遠朝著自己想要的方向出發，
就是給自己最好的寵愛。

國家圖書館出版品預行編目資料

寵愛是自找的：面膜女王吳蓓薇的奇幻創業之旅/吳蓓薇著. -- 初版. --
臺北市：商周出版：英屬蓋曼群島商家庭傳媒股份有限公司城邦分
公司發行, 2024.06
面； 公分. -- (Viewpoint；123)
ISBN 978-626-390-175-9(平裝)

1.CST: 吳蓓薇 2.CST: 創業 3.CST: 自傳

783.3886 113007970

線上版讀者回函卡

ViewPoint 123

寵愛是自找的——面膜女王吳蓓薇的奇幻創業之旅

作　　者／吳蓓薇
企劃選書／黃靖卉
責任編輯／黃靖卉

版　　權／吳亭儀、江欣瑜
行銷業務／周佑潔、林詩富、賴玉嵐、吳淑華
總 編 輯／黃靖卉
總 經 理／彭之琬
第一事業群總經理／黃淑貞
發 行 人／何飛鵬
法律顧問／元禾法律事務所 王子文律師
出　　版／商周出版
台北市115南港區昆陽街16號4樓
電話：(02) 25007008　傳真：(02)25007759
blog: http://bwp25007008.pixnet.net/blog　E-mail：bwp.service@cite.com.tw
發　　行／英屬蓋曼群島商家庭傳媒股份有限公司城邦分公司
台北市115南港區昆陽街16號8樓
書虫客服服務專線：02-25007718；25007719　24小時傳真專線：02-25001990；25001991
服務時間：週一至週五上午09:30-12:00；下午13:30-17:00
劃撥帳號：19863813；戶名：書虫股份有限公司
讀者服務信箱：service@readingclub.com.tw　城邦讀書花園 www.cite.com.tw
香港發行所／城邦（香港）出版集團有限公司
香港九龍土瓜灣道86號順聯工業大廈6樓A室_ E-mail : hkcite@biznetvigator.com
電話：(852) 25086231　傳真：(852) 25789337
馬新發行所／城邦（馬新）出版集團【Cite (M) Sdn Bhd】
41, Jalan Radin Anum, Bandar Baru Sri Petaling, 57000 Kuala Lumpur, Malaysia.
電話：(603) 90563833　傳真：(603) 90576622　Email：services@cite.my

封面設計／徐璽設計工作室
排版設計／林曉涵
印　　刷／中原造像股份有限公司
經 銷 商／聯合發行股份有限公司
新北市231新店區寶橋路235巷6弄6號2樓電話：(02) 29178022　傳真：(02) 29110053

■2024年6月25日初版一刷　Printed in Taiwan
定價380元

城邦讀書花園
www.cite.com.tw ISBN 978-626-390-175-9